Leer lo que otros no pueden:
Domina tus habilidades sociales y de comunicación

Leer lo que otros no pueden

Domina tus habilidades sociales y de comunicación

I J Nayak

India
2023

CONTENIDO

Sería maravilloso si los humanos pudiéramos entender lo que sucede dentro de nuestro cerebro, uno de los órganos más complejos jamás ideados, donde toman forma las grandes ideas e innovaciones. ¿No sería maravilloso si incluso los científicos y la tecnología pudieran desentrañar sus misterios, un componente integral que no tiene reemplazo equivalente en las máquinas actuales?

Entonces, ¿qué sucede dentro de nuestro cerebro?

Se podría argumentar que saber lo que la gente realmente piensa ayudaría a mejorar las comunicaciones y protegernos de peligros potenciales. Leer a las personas puede parecer imposible, pero puede resultar crucial para eliminar dudas o hacer juicios incorrectos en situaciones cotidianas con compañeros de trabajo, extraños y seres queridos por igual.

¿Qué se necesita para interpretar con precisión a las personas? Idealmente, los títulos sofisticados proporcionarían un conocimiento suficiente de su funcionamiento interno; de lo contrario, puede depender de poderes intuitivos heredados de los padres o de secretos ocultos que uno necesita descubrir; creo que todos los factores influyen.

Incluso con todos los libros jamás escritos sobre la función cerebral, leer a las personas con precisión sigue siendo imposible. Los buenos genes o cualquier secreto revelado a través de la búsqueda en Google tampoco ayudarán; Para comprender verdaderamente el funcionamiento interno de alguien se requiere ciencia: comprender por qué las personas piensan lo que hacen y reaccionan como lo hacen son las claves para comprender a otro individuo.

Descifrar secretos cuidadosamente guardados requiere conocimiento, observación y comprensión de los acontecimientos, así como fuertes poderes intuitivos para llegar a conclusiones precisas. ¡Pero lo más importante es encontrar la dirección adecuada y comenzar el viaje!

Y este libro resume ese propósito. Divide la ciencia en partes manejables para brindar a los lectores toda la información necesaria para leer la mente de una manera fácil e interesante. A lo largo de todos mis años enseñando a la gente técnicas de comunicación efectivas, he llegado a reconocer que la información que no beneficia directamente el propósito de uno puede volverse inútil rápidamente, al mismo tiempo que sé lo que sucede en el lado izquierdo del cerebro cuando se dibuja un pájaro con la mano derecha. Puede ser fascinante, pero resulta inútil si no se planea dibujar con él en el futuro.

Por lo tanto, he seleccionado cuidadosamente información científica diseñada específicamente para su propósito de leer la mente de otras personas. Evité la terminología compleja y me limité a lo esencial: hallazgos simples con explicaciones claras.

Pero ese es sólo un aspecto de la lectura de la mente; hay mucho más. Existen secretos, autoevaluaciones, signos sutiles y trucos de comunicación que uno puede emplear para convertirse en un oyente más sintonizado. Utilizo la analogía del sol naciente cuando enseño a los estudiantes cómo dominar cualquier oficio.

Les pregunto a mis alumnos a qué hora sale el sol cada mañana. Quienes se levantan temprano tienen alguna idea de cuándo sale el sol, en comparación con quienes duermen hasta tarde; nadie puede dar un minuto exacto ya que nadie ha estado lo suficientemente motivado u observador para saber exactamente cuándo. Entonces les doy un ejercicio, algo que os animo a que también hagáis vosotros mismos ahora.

Imagínese sentarse en su balcón cada mañana antes de que salga el sol y leer un periódico mientras toma un café. ¿Le resultaría fácil saber exactamente cuándo salió el sol? Su respuesta podría ser más precisa, ya que estar allí cuando sucedió da una buena comprensión de su "ventana de tiempo".

Imagínese sentarse en un balcón orientado al este, contemplar el lugar exacto por donde sale el sol, observar cómo su calidez tiñe el cielo de tonos dorados en el horizonte y luego consultar su reloj de inmediato; su precisión no tendría rival en ese día en particular porque sabía de dónde surge y estaba concentrado en la tarea que tenía entre manos; su intuición también se activaría, permitiendo estimaciones precisas incluso sin observación directa: ¡sabría exactamente cuándo saldría el sol a pesar de los cambios constantes de zonas horarias!

Ahora bien, si tuviera que preguntar a un grupo de estudiantes a qué hora sale el sol, aquellos que realmente se habían comprometido a descubrirlo darían la respuesta más precisa. Así es exactamente como funciona la lectura de la mente; requiere conocimiento, observación y apreciación de que cada individuo piensa de manera diferente, por lo que no existe una solución única que se aplique a todos.

Comprender todos los factores involucrados al observar a alguien requiere conocimiento y compromiso. Necesitas una estrategia sólida que te guíe en la dirección correcta; ahí es donde entra este libro; te proporciono todo lo que necesitas para convertirte en un lector experto.

Este libro desmiente los mitos y la información poco confiable disponible en línea sobre las personas lectoras. Por ejemplo, tener los brazos cruzados puede indicar una actitud defensiva; pero en una habitación fría o sentado en una silla sin brazos, este comportamiento podría deberse simplemente a influencias ambientales más que a rasgos de personalidad.

Creer o leer "hechos" aleatorios y sin fundamento es innecesario y perjudicial; ¡interpretar mal a las personas es peor que no conocerlas en absoluto! La lectura de la mente no implica espionaje ni intrusión; más bien implica comprender lo que alguien realmente quiere decir cuando nos habla o se comunica; comprender sus pensamientos nos permite tomar conciencia de sus emociones al responder.

El hecho es que sólo el 7% de la comunicación se produce de forma verbal; el resto se produce de forma no verbal. La lectura de la mente implica comprender lo que otra persona está experimentando al conocer sus verdaderas intenciones detrás de lo que dice versus lo que no se ha dicho, algo que este libro altamente informativo y bien investigado proporciona más que un simple enfoque teórico para la lectura de la mente.

Este libro ofrece conocimiento y comprensión específicos, anécdotas de mis propias experiencias y aprendizajes, y un enfoque integral y completo que no deja piedra sin remover cuando se trata de comprender el mundo no dicho. También examinaremos diferentes tipos de personalidad, motivaciones y objetivos para que puedas comprender exactamente cómo piensan ciertas personas, por qué se comunican de la forma en que lo hacen y cómo puedes lograr metas personales a través de sus mensajes. Así que comencemos ahora.

¿Qué es la lectura de la mente? A primera vista, la lectura de la mente podría parecer una especie de hechicería o práctica poco ética para husmear en los pensamientos privados de las personas y causarles estragos; saber que alguien podría leer tu mente probablemente causaría alarma, independientemente del estado de tu relación con esa persona; saber que tenían tal poder podría hacernos huir aterrorizados: ¡nunca podría haber mayor superpoder que saber todo lo que sucede dentro de nuestro cerebro! Pero en realidad se trata más de comprensión que de invasión.

La lectura de la mente consiste en generar confianza al hablar con alguien, sabiendo que su mensaje no será tergiversado ni malinterpretado. La lectura de la mente nos permite comprender palabras no dichas y fortalecer la comunicación entre las partes involucradas, una habilidad invaluable que le permitirá construir conexiones más sólidas tanto a nivel profesional como personal.

Nuestras personas favoritas suelen ser aquellas que nos escuchan atentamente y nos comprenden; personas como el pediatra o el dentista que sabían cuando nuestro "estoy bien" no sonaba del todo bien; desconocidos en los autobuses que entendían cuando cambiábamos de peso corporal, cediendo asientos cuando era necesario.

Estas personas escuchan, observan y comprenden nuestras necesidades y emociones con compasión y comprensión; no son intrusivos sino que brindan un apoyo invaluable. Sus poderes incluyen saber exactamente lo que hay que hacer, así como tener las habilidades necesarias para construir relaciones a largo plazo a través de esta habilidad casi sobrehumana - exactamente el tipo de personas a las que secretamente desearíamos parecernos más - no nacimos con esta habilidad pero la hemos hecho. una decisión consciente de ser más consciente de los que les rodean.

Los lectores de mentes sabían lo importante que era la comunicación eficaz; comprendieron que un diálogo eficaz requería una escucha profunda y una comprensión profunda de lo que se decía más allá de las palabras. Prestaron igual atención al silencio, el tono, la motivación, las intenciones de los hablantes, así como a ser conscientes de sus entornos y personas, mientras miraban más allá de los prejuicios, juicios y limitaciones para evaluar las conversaciones con el fin de deducir verdades ocultas, ganando a cambio confianza, entendiendo el respeto como así como tomar mejores juicios y decisiones tanto a nivel profesional como personal.

Leer la mente es como pedirle a alguien que le traduzca un idioma extranjero. Podrían hacerlo literalmente o explicar la motivación detrás de ciertas palabras que suenan extranjeras que dijeron.

Que la gente lea no es simplemente otro arte o truco utilizado para invadir la privacidad de alguien; más bien es un arte que respeta las emociones y pensamientos de un individuo.

Aprender a leer a las personas es una de las mejores maneras de garantizar que las conversaciones fluyan sin problemas y se completen el círculo. Las habilidades para leer la mente eliminarán cualquier conjetura durante las conversaciones y las reemplazarán con elementos de comprensión, compasión y construcción de relaciones. Las habilidades para leer la mente pueden alterar en gran medida las interacciones en eventos de networking, reuniones en el lugar de trabajo o cuando conoces a alguien que te parece muy atractivo; Las habilidades para leer la mente podrían tener un efecto increíble en los resultados de las interacciones entre dos personas.

La lectura de la mente es un arte que requiere un conocimiento profundo sobre cómo funciona el cerebro humano, estar presente mentalmente, evitar juicios y hacer observaciones, pero lo más importante es crear la combinación ideal de todos estos requisitos para comprender los pensamientos de otra persona, independientemente de quién sea. son, su personalidad o su estado civil con ellos.

La lectura de la mente es un tema en profundidad, por lo que cubriremos cada faceta individualmente antes de brindar estrategias sobre cómo aplicar estos conocimientos para crear el ambiente perfecto para la lectura de la mente.

La primera parte cubre todo lo que necesitará para embarcarse en este viaje de comprensión de las personas y la comunicación. Describe lo que se puede esperar al intentar leer a las personas y los errores u obstrucciones que podemos encontrar al intentar interpretar lo que otra persona está comunicando; además, aborda algunos de los desafíos que enfrentamos hoy en un ámbito de las comunicaciones en constante evolución.

La segunda parte explora todo lo relacionado con nuestra mente. Describe cómo funciona nuestro cerebro e identifica las diferencias individuales como genéticas. Además, esta parte le ayudará a comprender por qué las personas se comportan de cierta manera y explorará varios tipos de personalidad, para que pueda ver a las personas de manera más objetiva y juzgarlas mejor.

La tercera parte se centra en usted y en lo que aporta. Hay dos aspectos principales para comprender a alguien: conocer su forma de pensar y comprender la TUYA. Desafortunadamente, las barreras mentales a menudo nos impiden comprender adecuadamente a alguien. Nuestra propia tendencia a juzgar y hacer suposiciones rápidamente basadas en prejuicios personales nos impide comprender a los demás correctamente.

La cuarta parte implica tomar todo lo aprendido hasta ahora y aplicar estos principios en la práctica. Aquí descubrirá pequeños secretos y estrategias sobre cómo inferir el verdadero significado detrás de las palabras, detectar engaños y obtener un dominio total sobre la mente de otra persona.

No hace falta decir que se está embarcando en un libro completo y un recurso integral para convertirse en un lector de personas con nivel de oficial de investigación.

Comenzar cualquier nuevo viaje requiere comprender las motivaciones para tomar medidas y por qué ocurren ciertos comportamientos. Necesita saber por qué es necesaria la lectura de la mente y anticipar cualquier desafío a lo largo de su proceso; ¿Por qué lo que se expresa no se traduce directamente?

No hace mucho tiempo, la comunicación implicaba sentarse cara a cara con otra persona con los ojos fijos y tener tiempo suficiente para que ambos hablaran y fueran escuchados. Sin embargo, con el tiempo, los métodos de comunicación han cambiado considerablemente: si bien las nuevas formas han permitido interacciones globales, también reducen las interacciones de calidad debido a que la multitarea se lleva a cabo simultáneamente con la conversación entre ustedes. Esto significa que las conversaciones han perdido su valor.

Falta de tiempo

Nuestro tiempo está constantemente en juego. Aunque las tecnologías actuales nos ofrecen cierto alivio (las comidas precocinadas pueden reducir el tiempo de comida a solo unos segundos por comida y las reuniones virtuales a menudo programan reuniones en tránsito para ahorrar tiempo), los cafés se han vuelto sobre la marcha y las comunicaciones a menudo se programan en torno a listas de verificación mentales que crear en nuestra mente.

Atrás quedaron los días de comunicación a distancia que limitaban la interacción

Atrás quedaron los días en los que nos comunicábamos en persona o escribíamos largas cartas que podían tardar meses en enviarse; cuando cada palabra contaba para algo en su borrador final. Hoy en día, la comunicación adopta muchas formas diferentes, lo que a menudo limita la interacción.

Hoy en día existen numerosos medios para comunicarnos con otra persona: correos electrónicos, mensajes de texto, interacciones en redes sociales, notas de voz, videollamadas y llamadas telefónicas son solo algunos de los métodos disponibles para comunicarnos. Reunirse con alguien cara a cara ha sido reemplazado en su mayor parte por reuniones de Zoom o videollamadas a medida que los temas discutidos se han trasladado en línea; la principal desventaja es que estas formas de conversación digital limitan la experiencia de diálogo general.

Los mensajes de texto no nos permiten medir con precisión el tono y las expresiones faciales de alguien, por lo que responder con respuestas de una sola palabra podría deberse a aburrimiento, desacuerdo o distracción de la comunicación con varias otras partes simultáneamente.

Una entrevista realizada por teléfono limita su capacidad para comprender cómo un reclutador recibe y procesa sus respuestas. Dado que no existe interacción entre usted y ellos, comprender con precisión a los demás puede resultar cada vez más difícil.

Conversadores de redes sociales

El anonimato puede ser un poder increíble; le permite volverse invisiblemente dominante y al mismo tiempo le brinda la posibilidad de hacer oír su voz sin tener que rendir cuentas; Dar a otros acceso a riquezas incalculables sin restricciones de controles de pasaportes es como tener alas sin limitaciones sobre dónde o cuándo volar.

Solo limitado por la velocidad de escritura, el anonimato al escribir te hace decir cosas que de otro modo nunca dirías directamente a alguien en persona.

Los pensamientos aleatorios se convierten en opiniones, que luego se convierten en debates. Nunca se sabe si a la persona que critica tu peinado realmente no le gusta o si simplemente tuvo un mal día con su cabello; su libertad de expresión hace imposible comprender cómo piensa la gente y percibe información específica.

Comunicaciones globales entre culturas

Ya no nos comunicamos únicamente dentro de nuestras comunidades locales, ahora que los negocios y las relaciones traspasan fronteras. Las culturas se han entremezclado a medida que nuestros modos de interacción se han extendido por todo el mundo: lo que en un extremo se consideraba un comportamiento respetuoso ahora puede verse como ofensivo en otro. El embarque llevará tiempo a medida que nos adaptemos y aceptemos estas diferencias entre nosotros mientras aprendemos a coexistir y comunicarnos de manera más eficiente a través de las fronteras.

No sólo debemos superar las barreras del idioma, sino que a menudo puede ser necesario aceptar que la indiferencia de otra persona ante el contacto visual puede no deberse a aburrimiento sino más bien a respeto. Con el tiempo debemos desarrollar una forma mutuamente aceptable de comunicación entre culturas.

A medida que estas comunicaciones globales adquieren cada vez más impacto, sus efectos se sienten más intensamente en casa; a menudo resulta en confusión y conmoción en lugar de incapacidad de las personas para comprender a los demás.

Hace mucho tiempo, las conversaciones se centraban en la caza, la familia, los niños y la supervivencia. Aunque las conversaciones se centraron en estos temas, ahora hay mucho más que podemos discutir: desde banca e inversiones hasta deportes, tecnología e incluso digitalización, hay muchísimos temas y subtemas que podrían discutirse en profundidad.

Los intereses nunca han sido tan diversos; mantener conversaciones entre ellos puede ser un desafío extremadamente difícil. Su mente puede divagar fácilmente cuando habla con alguien cuyos intereses difieren significativamente de los suyos; Esto genera confusión y malas interpretaciones de las acciones, lo que hace que leer la mente de alguien sea aún más difícil que antes.

A medida que nuestro mundo cambia rápidamente, puede resultar difícil mantener el ritmo de su rápido avance y mantener conversaciones significativas y productivas con las personas. Para hacerlo con éxito y leerlos con precisión, es necesario tener en cuenta estos factores mientras se evoluciona al mismo ritmo.

¿Qué se necesita para conseguir un trabajo increíble? mes Si se tratara únicamente de las calificaciones escolares y universitarias, las entrevistas en persona ni siquiera serían necesarias. ¿Alguna vez recibió una oferta después de simplemente explorar los perfiles de LinkedIn de posibles candidatos a un puesto de trabajo y quedar impresionado por los puestos de trabajo actuales? Esto es muy improbable; Los títulos no siempre indican si alguien es un candidato ideal.

Las empresas se preocupan profundamente por su forma de pensar, sus hábitos y qué tan bien se alinean sus pensamientos y valores con los de la empresa, un aspecto que también se traslada a la vida. Por ejemplo, a la hora de elegir pareja de vida no se trata simplemente de buscar comediantes; más bien deberías encontrar a alguien con quien compartas una comprensión similar de cómo funciona el mundo a través de medios no verbales, como tocarse las manos.

Es cierto que la vida y las personas a menudo pueden ser complejas; nadie tiene una respuesta fácil cuando se trata de comunicación o relaciones sociales. No siempre se puede encontrar visible en su superficie ninguna señal de advertencia que nos alerte de mentiras, abusos o comportamientos de intimidación. Los estudios de la naturaleza humana han conducido a muchas revelaciones notables. Hay patrones en el comportamiento verbal y físico que revelan estas verdades con notable precisión, a menudo estudiados de cerca por profesionales dedicados a comprender este aspecto de nuestra existencia. Las personas que desempeñan esos roles incluyen agentes secretos, psicólogos, investigadores, consejeros y jurados. Su estudio de los patrones humanos les permite determinar rápidamente si alguien está siendo honesto, ocultando secretos o incurriendo en un comportamiento delictivo, ayudándoles así a tomar decisiones más acertadas para protegerse a sí mismos y a los demás de posibles peligros.

No hace falta decir que las habilidades de comunicación interpersonal se descuidan en gran medida en la sociedad actual. Por lo tanto, deberían enseñarse en escuelas y universidades independientemente del programa que elijan los estudiantes; la gente que lee tampoco debería limitarse sólo a estudios psicológicos; Comercializadores, médicos, enfermeras, abogados, reclutadores, deportistas: cualquier profesional que trate con personas también debería aprender esta habilidad.

Maestría en Comunicaciones y Lectura de Personas

La gente que lee es una habilidad infravalorada que a menudo no se valora, al igual que su relación con el habla. No todo el mundo piensa de la misma manera y habla de la misma manera - todo depende de la educación, el entorno, las emociones y los tipos de personalidad que afectan lo que decimos - lo que significa que una persona puede decir una cosa pero otra puede interpretarla de manera completamente diferente; En última instancia, se reduce a ser capaz de leer a las personas con suficiente precisión para deducir con precisión lo que cada otra persona quiere decir con lo que están tratando de decir.

Relaciones Según Henry Winkler, las suposiciones son las termitas de las relaciones: ¡una observación que no podría ser más cierta! No importa a quién involucre; cónyuge, padres, amigos o hermanos: las suposiciones y los malentendidos suelen servir como principales catalizadores para crear conflictos en estas relaciones; a menudo se malinterpreta como falta de interés de su parte o un intento de un hermano u otro de compartir un logro que se considera frotarlo. Hay numerosas ocasiones a lo largo de nuestra vida diaria en las que algo que decimos podría sacarse de contexto por completo o malinterpretarse de manera completamente diferente. por otros, ¡haciéndonos cuestionar sus intenciones!

Si tan sólo entendieran lo que realmente queremos decir, las emociones o los agravios más sentidos no se malinterpretarían como desapegos y quejas. Con demasiada frecuencia esperamos que las personas cercanas capten pistas sutiles, estados de ánimo, mensajes velados o insinuaciones sin que tengamos que declararnos directamente; ¿No es por eso que comunicarse es una forma de arte: entender lo que otros quieren decir sin tener que hablar uno mismo?

A veces puede resultar complicado leer con precisión las señales en las relaciones. Se requiere comprensión, concentración y una mente consciente si queremos interpretar esos signos con precisión; una vez adquirido, puede marcar una enorme diferencia a la hora de mantener relaciones saludables. Teníamos una pareja que vivía en la casa de al lado y creía que su marido se contraía cada vez que le mentía; ¡Como resultado de lo cual frecuentemente se peleaban!

Cada vez que ella le hacía una pregunta capciosa, todos observábamos atentamente su labio superior cubierto por un impresionante bigote y veíamos cómo comenzaba a temblar en respuesta. Mi impresión en ese momento fue: ¡Ella sabía exactamente cómo detectar cuando él estaba mintiendo! Esta información no auguraba nada bueno, ya que a menudo peleaban por ella, hasta que años más tarde, cuando buscaron terapia, descubrieron que se movía no porque estuviera mintiendo, ¡sino debido al nerviosismo! ¡Tales suposiciones causaron mucho daño en su relación!

Leer con precisión a las personas podría ayudarle a superar esas suposiciones, permitiéndole comprender mejor las relaciones a pesar de lo bien que alguien se exprese verbalmente.

Carrera
Si hubiera sabido que su jefe no estaba experimentando problemas fuera del lugar de trabajo que retrasaban la finalización de su trabajo a tiempo, en lugar de simplemente sentirse frustrado por haberlo entregado tarde, su enfoque podría haber sido diferente: ofrecerle apoyo moral y espacio. De criticar constantemente los retrasos probablemente generaría vínculos emocionales más fuertes con él o ella y puede abrir puertas a oportunidades, mejores relaciones y un trabajo en equipo más efectivo.

La mayoría de los trabajos implican trabajar juntos en equipos para producir resultados, ya sea como médicos, profesores o directivos. Independientemente de su especialidad, desde medicina y enseñanza hasta funciones gerenciales, comprender y trabajar bien con otros profesionales es crucial para realizar el trabajo de manera eficiente y de la mejor manera posible. Los líderes en particular deben colaborar con una amplia variedad de personas, cada una con diferentes talentos, deficiencias y reacciones cuando se enfrentan a desafíos o críticas. Al comprender por qué alguien responde como lo hace, se pueden adaptar las respuestas de manera adecuada y hacer un uso óptimo de sus habilidades.

Hoy en día, las empresas están invirtiendo mucho en crear un ambiente de trabajo agradable para sus empleados, dándose cuenta de que los empleados son su mayor inversión y deben permanecer contentos y felices para poder desempeñarse a su máxima capacidad. Cada vez se ofrecen incentivos más centrados en la satisfacción de los empleados. Las empresas deben respetar la individualidad de cada empleado y satisfacer en consecuencia sus necesidades emocionales; La lectura puede proporcionar a las empresas una herramienta eficaz para lograrlo. Las personas que leen también pueden ayudar a los empleados a retener a sus empleados al crear una atmósfera propicia para el bienestar y la productividad.

Vida social

Las personas son esenciales para nuestro bienestar; apoyan el bienestar emocional, las necesidades básicas y el bienestar mental general. Todos los humanos desean ser escuchados y comprendidos, por lo que las personas que brindan espacios seguros para que otros hagan precisamente eso a menudo atraen las energías adecuadas. Imagínese hablar con alguien que entendiera exactamente lo que estaba tratando de decir sin necesidad de explicaciones interminables; ¡Probablemente buscarías a esa persona en cada evento posible!

Salud mental y emocional Comprender nuestros propios pensamientos puede ser bastante desafiante; Muchas veces nuestras reacciones provienen de fuentes no relacionadas: la falta de sueño puede ponerte de mal humor o mareado, mientras que cosas pequeñas pueden fácilmente desencadenar nuestras reacciones sin que nos demos cuenta de por qué lo hicieron. La inteligencia emocional juega un papel muy importante en el mantenimiento de nuestro bienestar emocional y mental, al ayudarnos a reconocer y comprender nuestras propias emociones; Leer en voz alta añade otro nivel de conocimiento, ya que nos permite descifrar más fácilmente las intenciones de otras personas, como comprender que un arrebato de tu pareja podría fácilmente provenir de un niño de dos años que se ha perdido su sesión de siesta.

Comprender a las personas puede ayudarle a mantener la calma y una actitud positiva incluso en momentos de emociones intensas. Al distanciarse de las burlas o los ataques que pueden parecer dirigidos a usted pero que en realidad son causados por otros, la comprensión le permitirá mantener una actitud positiva incluso en momentos de confusión y dificultad.

Leer a las personas puede llevar tiempo y práctica, pero vale la pena dominarlo para crear relaciones más sólidas tanto con otras personas como con usted mismo. En el trabajo permitirá un trabajo en equipo más productivo, mientras que en su vida social puede crear redes de amigos más fuertes al ofrecerles un espacio seguro para entenderse y comunicarse libremente.

¿Qué nos impide comprender a las personas? Aunque la lectura de la mente palabra por palabra sigue estando fuera del ámbito de lo posible por ahora, ninguna inteligencia artificial, ni avances tecnológicos o médicos han logrado decodificar los complejos circuitos neuronales dentro de todos nosotros; sin embargo, algo todavía nos impide comprender con precisión la palabra hablada. ¿idioma?

¿Qué te impide leer correctamente a las personas?

¿Tiene dificultades para comprender correctamente a las personas? Entonces, ¿qué te impide descifrar correctamente lo que la gente quiere decir con determinadas acciones y palabras? Leer a las personas debería ser tan sencillo como comprender las expresiones faciales, el tono y el diálogo de los demás, pero esto no siempre sucede: las mismas palabras pronunciadas por las mismas personas en distintas ocasiones pueden tener significados completamente diferentes.

Alguien puede decirte "Sé lo que quieres decir", pero su tono podría indicar un cumplido o una crítica.

A veces, puede ser fácil captar el tono de alguien; otras veces puede que no. Podríamos malinterpretar lo que alguien quiere decir por diversas razones; Aquí hay algunos factores que impactan la forma en que interpretamos a las personas:

Conocerlo demasiado bien o no lo suficiente: a medida que su relación con alguien se fortalece, sus expectativas sobre usted aumentan en consecuencia. Nuestros seres queridos esperan que entendamos lo que quieren decir sin necesidad de dar explicaciones o comunicarnos de manera efectiva. "Los ojos deberían hablar" cuando conoces a alguien íntimamente, pero a menudo se comunican mal cuando no tienen la mentalidad adecuada. Siempre hay más detrás de cada mirada de lo que parece; ¡A veces esa historia puede que incluso te resulte desconocida! Lo que alguien dice o quiere decir puede variar ampliamente dependiendo de su personalidad, entorno, pensamientos y otras influencias diarias; puede ser difícil saber exactamente por qué alguien podría estar de mal humor; Podría deberse a que su jefe les dio pena.

De manera similar a malinterpretar las palabras y acciones de alguien que no conocemos lo suficiente, no conocer a alguien lo suficiente también puede llevar a malas interpretaciones de palabras y acciones. Un introvertido no tiene nada contra ti; simplemente tarda más en abrirse que la mayoría. Por lo tanto, intentar leer a todos en el mismo nivel probablemente terminará en un fracaso.

Pasar por alto el contexto y centrarse en las señales: evitar el contacto visual podría indicar que alguien está mintiendo; pero también podría indicar desinterés o baja autoestima; Uno de los peores errores que uno puede cometer al intentar leer a las personas es aplicar lo que se lee sin considerar el contexto y tener en cuenta todos los aspectos al intentar leer a alguien. Al leer a las personas, debes tener en cuenta todos los factores en lugar de utilizar únicamente información de un libro como evidencia contra una persona.

Enamorarse de la cara de póquer: no hagas suposiciones basadas únicamente en el lenguaje corporal, las palabras o las expresiones faciales al leer a las personas. Leer a las personas implica recopilar datos sobre los individuos antes de analizarlos cuidadosamente para formar conjeturas precisas sobre ellos. Por ejemplo, no asuma que alguien está nervioso sólo porque le sudan las palmas de las manos; busque también otros signos que indiquen un nerviosismo similar, como inquietud, verse nervioso al hablar en voz alta, tartamudear al hablar, etc. Podría ser simplemente que ¡Estás usando demasiadas capas y sientes demasiado calor por dentro!

Desconsciente de tus emociones: ¿Podría ser que estés tan consumido por el comportamiento de otra persona que no puedas evaluar cómo te sientes en función de cómo actúa la otra persona o de tu propia percepción de ella? Quizás sus propios prejuicios o su comprensión de ellos le impidan ver el panorama general; Para poder leer a las personas con precisión, se debe comenzar con la autoconciencia y la comprensión de cómo se percibe a las personas.

Confundir la personalidad o la situación Comportamiento desfasoeo Hay dos componentes clave que influyen en las acciones de una persona: su entorno y sus rasgos de personalidad. Desafortunadamente, puede resultar complicado diferenciar entre ambos cuando se comunica con desconocidos y conocidos, lo que lleva a evaluaciones incorrectas de lo que las personas intentan comunicar. Sacar conclusiones demasiado rápido significa darse suficiente tiempo para comprender si la forma en que alguien responde se debe a preferencias personales o fuerzas externas con las que debe lidiar.

Ceder al sesgo de confirmación: cuando formamos nociones preconcebidas sobre alguien y le asociamos etiquetas en nuestra mente, cualquier cosa que diga o haga a partir de entonces sirve para fundamentar estas evaluaciones de esa persona y confirmar nuestros propios pensamientos sobre ella. Sin embargo, al hacer esto, podemos evitar ver el panorama completo y centrarnos en lo que percibimos como la realidad.

Ceder al sesgo de personalidad: cuando encontramos a alguien atractivo, nuestras mentes crean una imagen demasiado positiva de él. Esto también se aplica a las personas cuyos hábitos, pasatiempos o elecciones se parecen a los nuestros; Nuestras opiniones tienden a ser más favorables hacia alguien hacia quien nos sentimos atraídos en comparación con alguien diferente de lo que esperábamos, lo que dificulta evaluaciones precisas sobre quién es realmente esa persona.

Influencia de tu pasado: si alguien te engañó recientemente, es probable que seas más reacio a confiar en lo que alguien dice ahora. Nuestras experiencias pasadas pueden moldear la forma en que juzgamos a otras personas.

Inflexibilidad: si tienes opiniones firmes sobre algo y alguien no está de acuerdo con ellas, pueden formarse barreras mentales que impidan aceptarse y comprenderse plena y objetivamente. Por ejemplo, si prefiere gastar su dinero sabiamente y se dedica a estrategias de inversión inteligentes, esto podría llevarlo a juzgar negativamente a quienes gastan sin tener en cuenta estos asuntos.

El hecho es que todos tenemos nociones preconcebidas sobre lo que se considera un comportamiento aceptable por parte de otras personas. Si bien está perfectamente bien gravitar o mezclarse con personas con ideologías y procesos de pensamiento similares, albergar juicios fuertes sobre personas que no se ajustan a nuestras ideologías puede crear barreras entre comprender cómo piensan y se comportan los demás y comprender plenamente sus puntos de vista y comportamientos. Para comprender verdaderamente a los demás y aceptar sus diferencias.

El entorno, la educación y la personalidad influyen en la forma en que nos comunicamos; Nuestro entorno, nuestra educación y nuestros rasgos de personalidad influyen en nuestras palabras, pensamientos y acciones. Los expertos en personalidad han identificado rasgos y métodos de comunicación específicos que la gente suele utilizar: Personlichkeit Asertivo; Agresivo; Pasivo agresivo

* Manipulador

A medida que conozca mejor a las personas, aumentará su capacidad para identificar su estilo de comunicación. También aumentará la comprensión de por qué alguien habla de cierta manera. A primera vista, los comunicadores pasivos tienden a evitar el contacto visual y están de acuerdo con todo lo que dices, por lo que poder reconocer su estilo de comunicación permitirá evaluaciones más precisas de los rasgos de personalidad y las relaciones. Situaciones y relaciones específicas requieren diferentes formas de diálogo. Los estilos de comunicación difieren según quién habla; Puedes utilizar estrategias pasivo-agresivas cuando trates con personas que no te agradan y métodos más manipuladores cuando hables con extraños. Comprender estos estilos no sólo le beneficiará a usted mismo, sino también a los demás. Así que profundicemos para ver cómo funciona cada estilo de comunicación e identificar estilos similares en otras personas.

Estilo de comunicación asertiva

Este estilo de comunicación se considera ampliamente una de las formas más efectivas. Alguien que utiliza este enfoque tiene convicciones firmes y no rehuye compartirlas; hablan con claridad sin menospreciar las creencias de otra persona; respetar los diferentes puntos de vista y expresar libremente los suyos; exhiben una alta autoestima mientras buscan consenso y compromiso durante las discusiones.

Los comunicadores asertivos pueden identificarse fácilmente por el hecho de que suelen utilizar el "yo" cuando hablan. Por ejemplo, podrían decir cosas como "Creo que debemos apoyar más sus puntos de vista" en lugar de expresarlo como: "Deberías ser más complaciente con todos los puntos de vista". Estos individuos también tienden a exhibir actitudes positivas al comunicarse.

A continuación se presentan algunos signos reveladores de alguien con un estilo de comunicación asertivo: * Expresan con confianza sus necesidades y deseos.

* Mantienen contacto visual. * No dudan en decir no cuando corresponde. * Permiten que todos tengan las mismas oportunidades de contribuir con sus ideas.

* Usan declaraciones en primera persona.

Para comunicarse eficazmente con un hablante asertivo, permítale expresar sus pensamientos libremente y permítale articular exactamente cómo se siente cuando se le da el espacio para hacerlo. Las personas asertivas tienden a compartir sus puntos de vista libremente cuando se les da esta oportunidad, lo que los hace más fáciles de leer e interpretar que otros estilos si encuentra algo confuso; ¡solo haz tus consultas! ¡Estarán felices de proporcionar todas las respuestas!

Estilo de comunicación agresivo

Las personas que utilizan este estilo de comunicación tienden a ser agresivas y hostiles. Su objetivo en las conversaciones es siempre ganar a toda costa y, a menudo, creen que su contribución a las conversaciones es mucho mayor que las contribuciones de otros participantes. Tanto el contenido como el contexto tienden a perderse debido a la forma en que estas personas transmiten sus mensajes: los comunicadores agresivos a menudo emplean un tono intimidante y denigrante al hablar; Estos individuos pueden rechazar con más fuerza a aquellos con estilos similares, lo que hace que sus interacciones sean bastante difíciles de leer debido a que todo lo que dicen se pierde en su lucha por el dominio de las conversaciones.

A continuación se presentan algunas señales reveladoras de que alguien tiene un estilo de comunicación agresivo: * Suelen hablar por encima de los demás. * Con frecuencia señalan con el dedo. * Y por último fruncen el ceño.

* Estas personas tienden a intimidar, menospreciar, criticar y amenazar a los demás. También son exigentes y controladores.

* Los comunicadores que expresan sus ideas o pensamientos con un tono agresivo suelen utilizar afirmaciones como "¡porque yo lo digo!" para hacer valer su autoridad. La principal distinción entre un comunicador asertivo y agresivo es su deseo de dominio; un comunicador asertivo prefiere liderar a ser dirigido. Cuando hables con alguien con un estilo agresivo, intenta mantener las conversaciones enfocadas y dentro del tema; Incluso si las conversaciones se desvían, resuélvalos haciendo evaluaciones sobre lo que están diciendo en lugar de tomar en consideración su tono al tratar de entender su mensaje.

Estilo de comunicación pasiva

También conocido como estilo de comunicación sumiso, los comunicadores pasivos tienden a centrarse en complacer a otras personas evitando conflictos y manteniendo las conversaciones de manera amistosa. No les gusta la confrontación y frecuentemente responden estando de acuerdo o diciendo que sí. Al contrario de lo que pueda parecer inicialmente, las personas con este estilo de comunicación no siempre entablan un diálogo positivo: su capacidad ineficaz para transmitir sus puntos de vista puede generar mucho resentimiento y negatividad con el tiempo; A los comunicadores pasivos les resulta difícil expresarse con claridad, mientras que a los comunicadores pasivos puede incluso dificultarles la lectura, ya que apenas escuchamos sus pensamientos expresándose abiertamente.

Aquí hay algunas señales de que un individuo está participando en una comunicación pasiva:

* Rara vez hacen contacto visual.

* Su postura es insatisfactoria. * Su actitud tiende a ser la de "seguir la corriente".

* Las personas con este estilo suelen tener dificultades para decir que no. Para comunicarse eficazmente con personas de este estilo, lo mejor es hacer muchas preguntas y animarles a expresar sus puntos de vista.

Estilo de comunicación pasivo-agresivo

Cada uno tiene su propio tono de gris en la comunicación; el estilo de comunicación pasivo-agresivo no es una excepción. Una fusión de dos enfoques diferentes de las comunicaciones, abarca un comportamiento pasivo desde el principio con una agresión esperando entre bastidores ante cualquier señal de conflicto; Estos individuos pueden parecer agradables, pero pueden albergar resentimientos e ira considerables debajo de la superficie.

El resentimiento a menudo se manifiesta en chismes, sarcasmo, comportamiento condescendiente o comentarios indirectos y observaciones que expresan frustraciones de manera indirecta. Las personas con este estilo de comunicación normalmente se enfrentan a problemas no resueltos y los demuestran indirectamente mediante el uso de estilos de comunicación pasivo-agresivos: * Usan el sarcasmo con frecuencia * Sus palabras no se alinean con sus acciones * Les cuesta reconocer las emociones

*Sus expresiones faciales no coinciden con lo que dicen.

Es posible que utilicen frases como: "¡No te enfades! ¡Era sólo una broma!". o "Pase lo que pase, ¡no me importa!". y a menudo puede parecer pasivo-agresivo o mezquino al comunicar sus intenciones; lo que hace que esto sea el más difícil de interpretar, ya que la mayor parte de lo que dicen proviene de conflictos y cuestiones no resueltas.

Personas que utilizan el estilo de comunicación manipulador Las personas que emplean este estilo de comunicación dependen del engaño y la influencia para moldear el resultado de las conversaciones y las acciones de otras personas con palabras. Su discurso a menudo puede ser difícil de decodificar porque cada palabra que pronuncian parece motivada por lo que esperan obtener; sus verdaderas intenciones a menudo permanecen ocultas bajo capas de engaños o manipulaciones; Estas personas a menudo pueden parecer condescendientes y harán todo lo posible hasta que usted esté de acuerdo con lo que dicen.

A continuación se presentan algunas señales de que está hablando con alguien con un estilo manipulador: * Por lo general, hace declaraciones con gran convicción. * Suelen no responder bien cuando se enfrentan a puntos de vista contradictorios. * Mantienen tu mirada por más tiempo.

* Utilizan gestos con las manos al hablar.

Al entablar un diálogo con estos oradores, se debe demostrar paciencia y calma a partes iguales. Trate de no reaccionar emocionalmente manteniéndose asertivo pero firme en sus convicciones; No permita que sus puntos de vista influyan en sus propias opiniones, pero tampoco esté en desacuerdo o se aislarán. Los estilos comunicativos revelan mucho sobre un individuo; por supuesto dependen de con quién se esté comunicando; Al prestar mucha atención a estos estilos, puede adaptar las respuestas de manera adecuada y obtener una mayor comprensión para comprender mejor a las personas.

La cultura es el resultado de la unión de muchos elementos diferentes: tradiciones, folclore, rituales, uso del lenguaje, elecciones de estilo de vida y creencias; todos ellos contribuyen a moldear la forma en que nos comunicamos y nos entendemos unos a otros. La cultura no sólo existe geográficamente: dos personas en una relación desarrollan su propia cultura distintiva con el tiempo a medida que su comunicación, uso del idioma y rituales influyen y le dan forma aún más, ¡al igual que diferentes negocios, regiones o todo tipo de relaciones también lo hacen!

Al intentar comprender a alguien, también debes comprender su cultura. Saber de dónde viene alguien; sus creencias y hábitos; así como cualquier ritual o costumbre individual que los haga especiales es crucial para desarrollar empatía por ese individuo.

Las personas acostumbradas a seguir ciertas reglas y costumbres tienden a interactuar de manera diferente a aquellas con rituales diversos. Alguien acostumbrado a asistir a reuniones a las que nadie llega a tiempo no apreciará tanto su importancia, lo que le llevará a creer que su falta de habilidades para gestionar el tiempo se debe a cuestiones de disciplina más que a una adaptación cultural.

Un individuo que proviene de una cultura caracterizada por ciertos estilos, idiomas y formas de comunicación probablemente traerá consigo estas influencias cuando se comunique con alguien ajeno a su propia cultura.

Como observador que intenta leer a las personas, debe prestar mucha atención a sus antecedentes culturales. Tenga en cuenta que esto incluye no solo su religión y origen étnico, sino también cualquier pequeña cultura adicional que pueda haberse desarrollado debido a la pertenencia a comunidades, organizaciones u otras influencias específicas.

Las comunicaciones y las culturas son interdependientes. La cultura surge a través de interacciones entre individuos que fomentan la comunicación mutua para producir patrones, leyes, reglas y rituales que dan forma a la sociedad en su conjunto. Nuestras comunicaciones forman la columna vertebral de la cultura que evoluciona constantemente a través de comunicaciones globales que se han convertido en una necesidad diaria.

Personas de diversas culturas y etnias interactúan con frecuencia a través de diferentes modos.

Hoy la cultura ha llegado a abarcar mucho más que simplemente una forma de ser y hacer las cosas; Dependiendo de con quién interactúa social o profesionalmente una comunidad o sociedad, puede haber varias culturas y rituales dentro de ese espacio.

Como tal, leer y comprender a las personas se está volviendo más fácil y más desafiante a partes iguales. Para comprendernos mejor unos a otros debemos romper con las suposiciones y crear espacios que brinden espacio para diferentes creencias, reglas y rituales bajo el mismo techo. Sin embargo, pueden surgir desafíos específicos al comunicarse y comprender a personas de diversas culturas, como por ejemplo:

La gente se comunica de manera diferente. Nuestros idiomas varían al igual que las palabras y frases que usamos. Incluso frases tan aparentemente sencillas como "lo que quieras" podrían tener diferentes interpretaciones según las culturas; El pulgar hacia arriba puede ser positivo u ofensivo dependiendo de a quién se lo haya dado. Desde la disposición de los asientos hasta las diferencias de distancia entre las personas, todo se entiende de manera diferente en los países del mundo.

No todo el mundo maneja los conflictos de la misma manera; algunos podrían verlo como un medio para llegar a conclusiones productivas, mientras que otros lo ven como un desafío. Al comunicarse entre culturas, debe ser sensible a los sentimientos de otras personas y prestar mucha atención a cómo reaccionan ante acciones específicas tomadas por usted o por otras partes involucradas.

Respeta el espacio personal. Puede que el Covid-19 nos haya obligado a desarrollar el distanciamiento social, pero otras culturas tampoco aceptan el contacto físico ni la proximidad. Cuando intentes leer a las personas con precisión, ten cuidado con estos detalles y trata de no transgredir el espacio personal de nadie acercándote demasiado o forzándote a entrar demasiado pronto.

Como personas que vivimos en este mundo tan variado, dependemos unos de otros para sobrevivir y realizarnos. Para satisfacer esta necesidad de manera efectiva, es vital que seamos considerados con las diferencias y limitaciones culturales de los demás. No se puede esperar leer a alguien con precisión sin comprender primero qué ha dado forma a sus palabras y acciones; Lo que alguien dice podría reflejar todas sus creencias y experiencias de vida; mostrar amabilidad puede ser de gran ayuda para fortalecer los vínculos entre todos nosotros.

Después de entablar una conversación con un amigo, de repente te das cuenta de que ha dejado de responder de manera significativa y simplemente asiente con la cabeza a lo que dices sin dar mucha información propia. En ese momento, desearías saber cómo leer su estado de ánimo con precisión, algo que requiere paciencia y comprensión; ¡pero seguramente se puede lograr!

Leer a las personas puede transformar la forma en que te acercas a ellas y viceversa. Comprender las emociones y necesidades de las personas le permite responder de manera adecuada y profundizar las relaciones. Ajustar los estilos y tonos de comunicación para conectarse más profundamente con las personas. Sin embargo, ¿en qué deberías centrarte cuando intentas leer a las personas? Comprender por qué actúan como lo hacen puede proporcionar información sobre la psicología humana; ¡Eso es exactamente lo que cubrirá esta sección!

La segunda parte se centra en comprender la mente humana a través de siglos de investigación, hallazgos científicos y un examen de la naturaleza humana. Cubrimos diferentes teorías que ayudan a descubrir diferentes tipos de personalidad y necesidades humanas básicas que motivan los patrones de pensamiento y comportamiento de las personas: conocimiento que resultará invaluable al tratar con diferentes personas de todos los ámbitos de la vida.

¿Ha considerado lo que motiva a las personas? ¿Alguna vez ha considerado lo que motiva a los demás y a usted mismo en términos de motivaciones y deseos diarios? ¿Ha determinado sus fuerzas impulsoras? ¿Alguna vez ha pensado en lo que le impulsa a usted? Lo que sea que impulse su impulso apresurado probablemente también impulse a otros.

¿Qué te motiva en la vida?

Comprender esta pregunta del millón puede marcar una diferencia dramática tanto para usted como para sus seres más cercanos: la motivación es la fuerza que mantiene todo firmemente en su lugar.

Descubrir qué motiva a las personas es clave para comprenderlas, aunque esto puede resultar difícil debido a que cada persona es diferente. El pasado y el presente de uno influyen en sus objetivos y los motivan a seguir adelante con la vida a pesar de las dificultades que encuentran en el camino.

Entonces, para comprender plenamente lo que motiva a las personas, es necesario llegar a conocerlas individualmente. Al reunirse con personas directamente y conectarse a un nivel íntimo, puede aprender sobre sus experiencias pasadas, las luchas que han superado, las personas clave en sus vidas y cualquier sueño o meta que esperan alcanzar en la vida: información que le permitirá reconstruir su personalidad que revela su fuerza impulsora en la vida.

Según investigadores y psicólogos, todas las personas nacen con tres necesidades universales que las impulsan:

1. La independencia -la motivación para tomar decisiones personales- es primordial, mientras que 2. La competencia proporciona motivación para ser reconocido por algo.

3. Necesidad de conexión: el deseo de sentirse valorado por los demás [3]

Por lo tanto, cuando intente comprender las motivaciones de alguien para cambiar, preste mucha atención a los temas que plantea en la conversación. ¿Es su fuerza impulsora su deseo de controlar los asuntos, las finanzas y otros aspectos de su vida? o su deseo de alcanzar puestos más altos en el trabajo con objetivos profesionales más competitivos; ¿O tal vez es simplemente estar disponible y presente para aquellos en su vida: amigos, colegas o familiares?

Hablar con ellos les dará una indicación de lo que los motiva. Estos tres instintos básicos pueden proporcionar motivación; sin embargo, existen otras fuerzas que también estimulan la motivación en los individuos.

Algunas personas valoran la fama y el poder. Cuando se ve a personas de alto poder, como políticos, propietarios de empresas o líderes de consejos sindicales, en puestos como la política o la membresía en consejos sindicales, es probable que se sientan impulsados a ascender más en su escala profesional. Otros encuentran motivación asumiendo roles de liderazgo dentro de una institución o país generando cambios a través de iniciativas que mejoran aspectos como la prestación de servicios o la gestión de instalaciones.

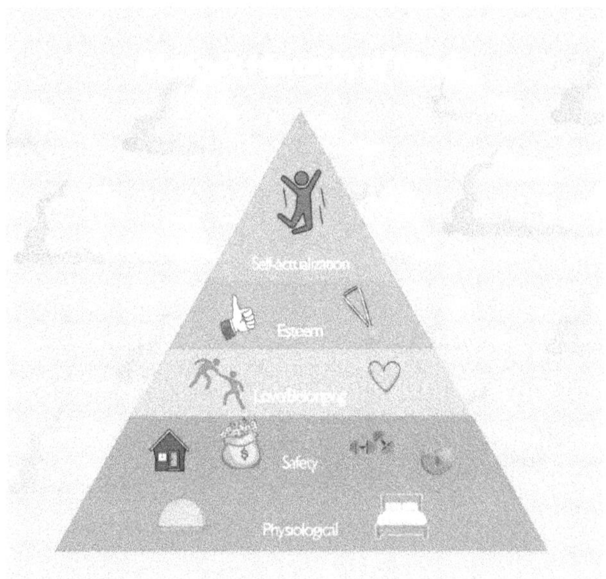

Uno puede ver este impulso no sólo a través de sus palabras y acciones, sino también en su forma de actuar. Para conectarse con este tipo de personas, sea directo, objetivo y lógico. Valoran mucho su tiempo; Entonces te respetarán si respetas su tiempo también.

Mientras que algunos individuos se dejan llevar por fuerzas externas, otros encuentran su motivación en factores intrínsecos como la pasión. Esto podría incluir viajar por el mundo o trabajar por algo que beneficie a otros; los ojos dc las personas se iluminan cuando se discuten temas que despiertan su pasión; sacrificando a menudo el sueño, el tiempo libre o la salud por objetivos mayores.

Tan pronto como te conectas con alguien cuya pasión impulsa sus acciones, construir un vínculo emocional debería ser más fácil. Comprender las influencias de las personas elimina cualquier conjetura sobre cuál es la mejor manera de comprenderlas.

Jerarquía de necesidades de Maslow)
Para comprender mejor la mente y las emociones humanas, Abraham Maslow (un psicólogo estadounidense) desarrolló una teoría de la jerarquía de necesidades que ilustra las necesidades básicas como impulsores de la motivación de las personas. Esta teoría comprende cinco niveles en su representación piramidal.

Una vez satisfechas las necesidades básicas, uno se enfoca en cubrir niveles adicionales hasta alcanzar la satisfacción final y alcanzar el nivel más alto de su pirámide.

Maslow creía que las personas estaban motivadas para cumplir con sus requisitos básicos antes de avanzar hacia requisitos más complejos.

Analicemos estos cinco niveles de jerarquía para comprender mejor qué motiva a las personas en la vida a progresar más en sus esfuerzos.

Nivel I: Necesidades Fisiológicas de los Estudiantes

Estas necesidades básicas son esenciales para la supervivencia humana e incluyen:
* Agua >> alimento.4vetement Ropa y refugio.
* Descansar
En la base de la pirámide se encuentran estas necesidades que determinan la vida o la muerte. Incluso con relaciones sólidas y confianza en uno mismo, sin alimentos para sobrevivir, su existencia estaría en peligro; al igual que sus relaciones, dado que sus necesidades básicas permanecen insatisfechas, probablemente buscará otras fuentes para llenar ese vacío, como tratar de llenar un agujero cuadrado. ¡Con clavijas redondas!

Nivel dos de la jerarquía de necesidades de Maslow Una vez que ascendemos en la escala de necesidades de Maslow, la seguridad y la protección se convierten en prioridades principales para aquellos cuyas necesidades fisiológicas ya han sido satisfechas. Estas necesidades surgen del deseo de control y orden en la vida e incluyen: * Salud y bienestar * Estabilidad financiera Inicialmente estas preocupaciones pueden tener un atractivo limitado, pero a medida que se avanza en la pirámide de Maslow se convierten en consideraciones primordiales, como las de las personas cuyas necesidades fisiológicas ya he quedado satisfecho
* Protección contra lesiones y accidentes. Estas necesidades obligan a las personas a obtener un buen empleo con potencial de avance, un seguro médico seguro, contribuir a cuentas de ahorro y residir en vecindarios seguros para protegerse contra el robo y la violencia.

Maslow describe el Nivel 3 de su jerarquía incluyendo las Necesidades de Amor y Pertenencia de la siguiente manera. Estas necesidades sociales incluyen pertenencia, aceptación y amor, necesidades emocionales que se corresponden con conexiones y afiliaciones interpersonales, como relaciones románticas, amistades, entornos sociales o grupos comunitarios que satisfacen estos instintos.
* Organizaciones Religiosas
Sentirse querido y apreciado por los demás es clave para combatir los sentimientos de soledad, ansiedad, depresión y tristeza. Los apegos crean el sentimiento de pertenencia a

la vida al proporcionar un propósito significativo: un vínculo emocional es de vital importancia para motivar la conducta humana en esta etapa de la evolución humana.

A medida que avanzamos en la jerarquía de necesidades de Maslow, los requisitos se vuelven más complicados. En esta etapa, las necesidades de estima son los principales motivadores de las personas: satisfacer su deseo de respeto y admiración es lo que lo alimenta todo. Las personas dedican mayor parte de su tiempo y esfuerzos a actividades deportivas, logros profesionales, éxitos académicos o cualquier otro medio que contribuya a satisfacer las necesidades de autoestima.

Las personas en esta etapa quieren sentir que están haciendo una contribución significativa a la sociedad y que son miembros valiosos. La felicidad alcanzada significa estar satisfechos con uno mismo, lo que a su vez fortalece a quienes los rodean. Las influencias positivas en la vida de los demás se convierten en importantes fuentes de validación para mejorar la vida de otros.

Las personas que no pueden satisfacer este nivel de necesidades a menudo desarrollan un complejo de inferioridad y son susceptibles a problemas de baja autoestima; como resultado, creen que no pertenecen a una relación y que los demás estarían mejor sin ellas. Esto, a su vez, afecta negativamente a las relaciones interpersonales, ya que estos sentimientos de inferioridad tienden a causar daño y, como resultado, dañan los vínculos interpersonales.

Sin embargo, incluso las necesidades que se encuentran en los niveles más altos pueden tener una influencia impactante en la calidad de vida general.

Nivel 5: Necesidades de autorrealización
Una vez que se satisfacen las necesidades básicas de un individuo, puede pasar a satisfacer las necesidades de autorrealización explorando su yo interior y aplicando sus talentos para el crecimiento personal. En este nivel, su objetivo final debería ser alcanzar niveles profundos de satisfacción que perduren durante toda su vida.

No hay dos personas que tengan la misma idea de su yo ideal, lo que influye en sus acciones. Algunos se centran en ganar más dinero; otros se esfuerzan por causar una buena impresión en campos creativos o se ofrecen como voluntarios para servicios comunitarios; y otros buscan la realización interior a través del autodesarrollo o la retribución. Todo el mundo anhela alcanzar esta satisfacción máxima, pero los contratiempos a menudo frustran el progreso: varios individuos ascienden en la pirámide antes de llegar finalmente a este nivel de realización.

Maslow identificó este nivel superior como "necesidades de crecimiento", mientras que los cuatro inferiores como "necesidades deficientes". Al esforzarnos por satisfacer necesidades deficientes, pueden surgir aspectos que conduzcan a privaciones en diversos aspectos, como escasez de alimentos, tensión financiera o sentimientos de aislamiento. Al ascender cada nivel en la jerarquía de necesidades de Maslow, la infelicidad puede eliminarse paso a paso.

Por el contrario, si sus necesidades de nivel cinco no se satisfacen, no le provocarán dificultades inmediatas en términos de alimentación, finanzas o seguridad; más bien surgen de su deseo de desarrollarse aún más como individuo y pueden tener efectos profundamente perjudiciales en sus niveles de felicidad.

La teoría de Maslow a menudo se presenta a sí misma como una jerarquía rígida; sin embargo, muchos han observado que su cumplimiento no sigue una progresión inquebrantable basada en las necesidades individuales. Por ejemplo, algunos pueden priorizar las necesidades de autoestima sobre las de amor y aceptación, o quizás los logros creativos eclipsan por completo incluso las necesidades fundamentales; Todo depende de las prioridades de cada individuo.

La Teoría de las Necesidades de Maslow proporciona cinco necesidades básicas que comprenden la motivación conductual. Al comprender en qué escalón de la pirámide cae un individuo, podrá comprenderlo mejor y comunicarse de manera efectiva.

Se llama ciencia porque comprender algo tan complejo como el comportamiento humano requiere un análisis cuidadoso de la mente y el comportamiento. El análisis de dichos estudios le proporciona herramientas no sólo para empatizar con las personas, sino también para responder adecuadamente cuando parecen enojadas, tristes, felices o experimentan cualquier otra emoción.

¿Alguna vez ha considerado la teoría de las cuatro funciones psicológicas de Jung? ¿Alguna vez se ha preguntado por qué algunas personas parecen más cómodas en grandes reuniones sociales mientras que otras prosperan más cuando se las mantiene en entornos íntimos más pequeños? ¿Te has preguntado por qué algunos siempre están listos para divertirse mientras otros anhelan una noche introspectiva con un libro junto al fuego?

Debido a que la energía consciente y los intereses de cada individuo fluyen en diferentes direcciones según sus experiencias psicológicas personales y las influencias ambientales, esta teoría fue propuesta por el psicoanalista y psicólogo suizo Carl Jung. Según él, en la personalidad dominan determinadas actitudes y funciones como tendencias opuestas que determinan su tipo de personalidad dominante; estas direcciones determinan luego su tipo de actitud: introversión o extroversión.

Jung señaló que las actitudes o funciones dominantes pasan a formar parte de la conciencia humana, mientras que sus opuestas representan características inconscientes de la personalidad; Estas tendencias a menudo surgen bajo estrés o a través de sueños.

Antes de explorar la teoría de las cuatro funciones psicológicas de Jung, echemos un vistazo rápido a dos actitudes de la personalidad descritas por él que constituyen su fundamento.

Introversión versus extroversión: el colapso de las actitudes

La introversión y la extroversión representan extremos opuestos de un espectro de actitudes, determinado por cómo uno gasta energía. La orientación de una persona hacia factores externos también influye.

Los introvertidos tienden a retirar su energía de los objetos y asegurarse de que las influencias externas no ejerzan poder sobre ellos; Los extrovertidos, por otro lado, tienden a extender su energía en un intento de formar relaciones activas con estos objetos. Por definición, los introvertidos se centran en el mundo interior, mientras que los extrovertidos se centran más en el entorno externo; los psicólogos actuales están de acuerdo con la teoría de Jung de que estos temperamentos pueden transmitirse genéticamente.

La teoría de Jung afirma que tendemos a responder de cuatro maneras distintas según las actitudes predominantes de nuestra personalidad: pensamiento, sensación, intuición y sentimiento.

Además, dividió estas funciones en dos grupos distintos: racionales (pensamiento y sensación) e irracionales (intuición y sentimiento).

La introversión y la extroversión no pueden entenderse de forma aislada; más bien deben verse dentro del contexto de estas cuatro funciones para crear una imagen completa de la personalidad de un individuo. Esta teoría intenta demostrar la complejidad de la tipología humana.

La teoría de Jung sostiene que las cuatro funciones pueden volverse dominantes en diferentes momentos dependiendo de las condiciones externas; sin embargo, una función suele destacarse debido a tendencias innatas o factores de desarrollo: así es como las describe la teoría junguiana.

Pensamiento: esta forma de evaluación se basa en la lógica y las interdependencias conceptuales entre objetos para evaluar la verdad o falsedad de las experiencias, analizar la realidad a través de interferencias y análisis lógicos y tomar decisiones informadas. El proceso incluye el pensamiento sistemático y racional, ya que ayuda a comprender la realidad a través de la interacción y la investigación sistemáticas.

Sensación: Esta función representa el valor estético asignado a una experiencia sin ninguna evaluación o razonamiento lógico; en cambio, las sensaciones se perciben en función de cómo aparecen las cosas sin dudarlo; cualquier concepto como contexto, significados, implicaciones o interpretaciones alternativas está fuera de su ámbito y representa la información exactamente como aparece a los sentidos.

Intuición: la función intuitiva se centra en nuestro instinto visceral o percepción general de situaciones en lugar de un análisis detallado o una deducción lógica. La intuición proporciona dirección a través de su comprensión de las circunstancias, las relaciones y las posibilidades latentes en las situaciones, sin pruebas ni evidencia que la respalden. Parte de esta función es agregar significado a los eventos mediante la lectura intuitiva de situaciones y al mismo tiempo detectar patrones que pueden ser menos perceptibles de inmediato.

Sentimiento: El sentimiento es una función sentimental que implica evaluar una situación en función de los prejuicios, gustos y aversiones de uno. Las decisiones se toman basándose en experiencias pasadas que influyen en los sentimientos sobre situaciones similares, lo cual siempre es subjetivo.

La teoría de Jung de las cuatro funciones psicológicas sitúa las funciones racionales e irracionales en extremos opuestos del espectro (es decir, el sentimiento es el pensamiento opuesto y la intuición es la sensación opuesta), de modo que si la sensación es su función dominante, entonces la intuición no se incluiría entre sus funciones secundarias; más bien, pensar y sentir seguirían siendo tomadores de decisiones activos, sin saberlo, involucrados en los procesos de toma de decisiones.

Se aplica una lógica similar a los rasgos de personalidad (introversión y extroversión). Si su modo de pensamiento predominante es introvertido, es probable que su modo de sentimiento subconsciente sea extrovertido.

A las personas a menudo les resulta difícil utilizar sus funciones secundarias de manera efectiva, pero a través de la práctica y la conciencia de sus acciones pueden elevar estas capacidades subliminales a patrones de pensamiento conscientes.

La lectura de las personas se puede hacer sabiendo si sus funciones predominantes se inclinan hacia el carácter introvertido o extrovertido, lo que se puede inferir a través de signos comunes como sus preferencias socializadoras, su expresividad o su círculo social. Una vez que se ha establecido esta información, puedes predecir qué función suelen utilizar al tomar decisiones.

Desde la década de 1970, los psiquiatras han utilizado la teoría de la personalidad del Eneagrama para identificar las características y rasgos de los individuos. Consta de un diagrama de nueve puntos en el que cada punto representa un tipo de personalidad que corresponde a cómo las personas piensan, sienten y actúan hacia sí mismas y hacia los demás. Hay 27 subtipos dentro de cada punto con tres centros clave que representan sentimiento, acción y pensamiento que influyen en nuestro comportamiento en diferentes entornos y, en última instancia, están determinados por nuestras motivaciones subyacentes.

El eneagrama busca caracterizar a las personas en función de sus motivaciones, miedos y comportamientos dominantes para comprender mejor la personalidad de un individuo. Al leer a las personas mediante el análisis del Eneagrama, sus tipos de personalidad proporcionan una visión más profunda de las fortalezas y debilidades de una persona, así como de cómo se relacionan con la sociedad en su conjunto. Además, el Eneagrama ayuda a comprender las motivaciones detrás de por qué las personas actúan como lo hacen.

La teoría del Eneagrama afirma que las personas nacen con un tipo de personalidad dominante, pero esto puede cambiar debido a experiencias y factores externos. Los rasgos externos e innatos tienden a influirse mutuamente; las características instintivas de la personalidad determinan cómo responde alguien en situaciones estresantes; lo que a su vez da forma a su personalidad, ya sea ansiosa o tranquila.

Este sistema teórico enfatiza aún más el hecho de que las personas no encajan claramente en una categoría; en cambio, sus personalidades se componen de múltiples rasgos que combinan tipos básicos, con algunas "alas" adicionales, conocidas como modificadores de temperamento o alas. Aunque las alas tienen cierta influencia sobre el temperamento, no cambian significativamente los tipos de personalidad dominantes; Según esta teoría, los rasgos básicos tienden a permanecer constantes a lo largo del tiempo, aunque algunos específicos pueden cambiar debido a influencias externas como los hábitos y la salud.

Los individuos pueden poseer varios rasgos de personalidad, destacándose siempre el tipo dominante como el más significativo para ellos. Una prueba de Eneagrama puede ayudar a identificar estos rasgos de personalidad.

Ahora, consideremos: ¿cuáles son los nueve tipos de personalidad que se encuentran dentro del Eneagrama de personalidad? Examinémoslos más a fondo.

Eneagrama tipo 1: reformadores con principios Las personas que pertenecen a este tipo de personalidad están impulsadas por el deseo de actuar moral y éticamente con rectitud. Valoran la integridad, los principios, el autocontrol y la perfección en todos los ámbitos de la vida. Los del tipo Uno tienden a aceptarse a sí mismos y a quienes los rodean mientras se esfuerzan por lograr el autodominio y la excelencia en todas las esferas de su vida. Suelen aceptarse a sí mismos y a sus seres queridos, pero a veces pueden volverse intolerantes y críticos cuando sus imperfecciones salen a la superficie o los hacen sentir inadecuados o inadecuados.

Los del Tipo Uno normalmente habitan el centro de acción del Eneagrama, aunque su acción y control tienden a venir desde dentro, a través de principios, disciplina y autodisciplina. Estos principios sirven como fuerza guía y hacen que los Uno parezcan organizados y centrados en la calidad.

Las personas que pertenecen a esta categoría tienden a poseer un agudo sentido del bien y del mal, estableciendo altos estándares tanto para ellos mismos como para las personas que los rodean. Su diálogo interno a menudo presenta muchas declaraciones de "debo" o "debería", mientras mantienen un cuadro de mando interno contra sí mismos, lo que potencialmente conduce a la expansión y contracción de sus vidas.

Los unos son conocidos por experimentar frecuentes ataques de ira, aunque normalmente los mantienen bajo control. Su enojo generalmente se manifiesta a través de resentimiento o irritación cuando otros se comportan de manera irresponsable o poco ético; en casos extremos, se manifiesta en un comportamiento pasivo-agresivo en el que su rigidez física aumenta mientras se vuelven inusualmente educados a pesar de ser críticos con los demás y, a menudo, parecen no receptivos a las críticas de fuentes externas, lo que los lleva por el camino de la frustración y, finalmente, la ira.

Los del Tipo Uno son relativamente raros: según un estudio con más de 54.000 encuestados, sólo el 10% son del Tipo Uno.[6]

Eneagrama tipo 2: ayudantes considerados
Los Tipo Dos tienen un deseo inherente de sentirse queridos por las personas que los rodean, y otorgan gran importancia a cultivar conexiones significativas y generosidad, bondad y altruismo. Su objetivo es hacer del mundo un entorno amoroso brindando apoyo y atención a sus seres más cercanos.

En el mejor de los casos, los Tipo Dos pueden ser personas cálidas, afectuosas y generosas que comparten la modestia y la humildad con el mundo. Desgraciadamente, los Dos menos sanos pueden parecer egocéntricos y manipuladores, y dan sólo a cambio de una recompensa; su voz interior les dice que sólo valen la pena si los demás los aman y los necesitan, y esto puede impulsarlos a esforzarse demasiado y dar más de lo necesario.

Los patrones de acción de los Dos están impulsados por su deseo de desarrollar relaciones. Por lo tanto, dedican energía y esfuerzo a forjar estrechos vínculos y amistades, atrayendo a las personas con generosos gestos de elogio o elogios que hacen que los demás se sientan especiales y apreciados. Los Dos tienden a brindar excelentes servicios de asesoramiento tan rápido como responden cuando alguien necesita ayuda o sienten que alguien podría dañar a sus seres queridos.

Los procesos de pensamiento de los Dos están guiados por la consideración y la consideración. Están en sintonía con las necesidades de los demás, incluso aquellos que no son conscientes de sus deseos, lo que hace que sus pensamientos a menudo sean consumidos por otras personas y por cómo conectarse con ellos de manera significativa. Como resultado, una parte importante de la energía mental puede dedicarse a intentar conectarse.

Los Dos tienden a sentir un gran placer al sentirse indispensables, lo que puede traducirse en un orgullo propio o en un sentido exagerado de su propia importancia y, en última instancia, socavar las relaciones interpersonales.

Los sentimientos de los Dos tienden a manifestarse externamente como energía cálida y de apoyo. Su fuerte empatía los hace expertos en sentir las emociones de los demás y responder en consecuencia, y aunque generalmente son amigables con las personas, a veces pueden sorprender con su mayor ira cuando sienten que han sido ignorados o tratados injustamente; Los Dos son asertivos cuando protegen a sus seres queridos cuando perciben que los tratan injustamente y experimentan dolor emocional si los ignoran o ignoran.

Los del tipo Dos representan aproximadamente el 11 por ciento de la población, siendo las mujeres más prevalentes dentro de ese porcentaje que los hombres.

Eneagrama tipo 3: triunfador competitivo

Los triunfadores competitivos están motivados por el deseo de superarse a sí mismos y superar logros anteriores con otros mayores. Los resultados, el reconocimiento y la eficiencia adquieren a sus ojos suma importancia, llevándolos a adaptar sus acciones según las circunstancias para alcanzar nuevos niveles de logros.

En el mejor de los casos, estas personas pueden ser vistas como personas con principios, trabajadoras y motivadas, que difunden integridad y esperanza por todo el mundo. Sin embargo, a veces su deseo de éxito puede consumirlos hasta tal punto que los aleja de relaciones importantes en la vida, haciéndolos sentir particularmente importantes y aumentando su sentido de autoestima a través de acciones en lugar de palabras.

Los hacedores tienden a actuar con planes de acción orientados a objetivos. Su energía y concentración se dirigen a realizar tareas de manera eficiente. Muchos de los que pertenecen a este tipo de personalidad pueden cambiar fácilmente su personalidad para adaptarse a cualquier comportamiento, rol o expectativa que se espere de ellos; su naturaleza competitiva a menudo se manifiesta durante actividades recreativas o en el trabajo; los individuos con este tipo de personalidad tienden a encontrar actividades o competencias que les permitan brillar más, mientras que los Tres sociales prefieren competencias en equipo como oportunidades para mostrar cualidades de liderazgo dentro de los grupos, pareciendo enérgicos y seguros en en cualquier momento.

Los patrones de pensamiento de los Tres dan a sus personalidades un toque optimista. Ven los fracasos como oportunidades para aprender en lugar de permitir que les impidan avanzar hacia sus objetivos. Los Tres tienden a enfatizar la información que respalda su punto de vista mientras ignoran a los demás. Su éxito radica en su capacidad para centrarse en las cosas correctas y tomar decisiones calculadas; su rápido proceso de pensamiento les permite comprender rápidamente cualquier situación antes de adaptarse con las habilidades adecuadas de comunicación y participación para que las cosas salgan según lo planeado.

Su competencia surge de su deseo de compararse con los demás y juzgarse a sí mismos según lo bien o mal que se comparan, a menudo sumergiéndose totalmente en su trabajo, hasta que se convierte en parte de quiénes son como individuo.

Sus patrones de sentimientos les permiten desconectarse emocionalmente de cualquier situación y tomar decisiones objetivas y racionales. Sus emociones negativas (como el estrés, el miedo y la ansiedad) no los consumen, pero aun así experimentan frustración e ira.

Los Tres intentan evitar ponerse del lado malo de las personas siempre que sea posible si eso puede contribuir a su éxito de alguna manera. Son conscientes de cómo las personas pueden responder a sus actitudes y acciones; aunque por fuera puedan parecer amigables, por dentro podrían sentir desconfianza hacia los demás; su enfoque radica en proyectar confianza a los demás, suprimiendo así cualquier cosa que les distraiga de hacer esto; otros pueden percibir a los Tres como impasibles o incluso serios debido a este comportamiento.

Los del Eneagrama Tipo Tres se encuentran entre los tipos de personalidad más raros. De 54.000 participantes que participaron en un estudio mencionado anteriormente, sólo el 11% se identificó con este tipo de personalidad; la mayoría se identificó como hombre.

Eneagrama tipo 4: creativo intenso

Los Eneagrama Tipo Cuatro están motivados a expresar su creatividad única a través de palabras, trabajo o cualquier otra salida, ¡incluido el lenguaje mismo! Como valoran el individualismo, dan gran importancia a la autoexpresión y a los sentimientos.

Románticos de corazón y admiradores de la belleza, los Cuatro son verdaderos creativos en el sentido más estricto. En el mejor de los casos, los que pertenecen a esta categoría son sensibles pero contentos, con un estilo auténtico que los hace únicos; en el peor de los casos, pueden parecer temperamentales o melancólicos por ser conscientes de sus defectos y heridas; su diálogo interno implica buscar un propósito en la vida expresándose auténticamente.

Las acciones de los Cuatro están impulsadas por su necesidad de expresarse. Prosperan compartiendo experiencias profundas con sus seres queridos, a menudo sacando a relucir su artista interior o utilizando símbolos. Su personalidad excéntrica suele dejarles frustrados y desencantados al realizar tareas tediosas que no satisfacen sus deseos.

Los Cuatro tienden a utilizar declaraciones como "yo", "mí" y "mío", que comparten experiencias personales con una audiencia. Si bien esto puede parecer ensimismado al principio, en realidad es su forma de conectarse con los demás y construir relaciones.

Tus patrones de pensamiento surgen de tu necesidad de llenar cualquier vacío en tu vida, como partes faltantes de ti mismo. Tienden a internalizar información negativa sobre ellos mismos mientras ignoran los datos positivos, lo que los lleva a internalizar mensajes negativos sobre ellos mismos mientras descartan cualquier noticia positiva, lo que a su vez puede desencadenar reacciones cada vez que alguien sugiere implicaciones negativas sobre ellos. Su juicio se ve nublado por las emociones, ya que su juicio depende en gran medida de las emociones en lugar de la lógica; esto a menudo resulta en tomar decisiones sesgadas debido a este sesgo en el juicio basado en la experiencia o las conexiones emocionales que forman la base para tomar decisiones importantes.

La naturaleza introspectiva de los Cuatro tiende a llevarlos por un camino interno de pensamientos que a veces es demasiado profundo para su comodidad, llevándolos por caminos de pensamiento negativos que en última instancia disminuyen su autoestima y los llevan a ser incomprendidos por otras personas.

Los sentimientos de los Cuatro son su mayor activo; les ayudan a sentirse conectados con el mundo y con los demás por igual. Además, los Cuatro son muy conscientes de las emociones de los demás, ¡a menudo más que ellos mismos! Desafortunadamente, los Cuatro tienden a insistir demasiado en sus emociones, lo que las hace parecer profundas, intensas y de mal humor.

Los Cuatro creen que experimentar sus emociones, ya sea tristeza o felicidad, les permite explorar quiénes son realmente. Sus emociones a menudo fluctúan con los cambios en el mundo que los rodea, aunque la tristeza, el anhelo y la pérdida tienden a impactar más que la felicidad y pueden hacerlos parecer melancólicos o distantes de la sociedad. Desafortunadamente, a menudo se toman las cosas demasiado en serio y necesitan un poco de alegría en sus vidas.

Los individuos del tipo Cuatro tienden a ser individuos únicos que se destacan entre la multitud por su estilo y talento individualistas, lo que a menudo los hace destacar entre la multitud. [7]

Eneagrama tipo 5: Investigador silencioso

Los Cinco son conocidos por su naturaleza introspectiva, impulsados por un deseo interno de descubrir la verdad y comprender a los demás para tomar decisiones. Al intentar comprender su entorno, los Cinco valoran mucho el conocimiento y la objetividad a la hora de tomar decisiones basadas en conocimientos objetivos. Los Cinco también priorizan la independencia sobre cualquier otra cosa y son conscientes de los ahorros financieros en lugar de pedir ayuda o apoyo a otros al tomar decisiones financieras; además, respetan la privacidad al dar a los demás suficiente espacio para vivir.

Otros suelen ver a los Cinco como sabios y visionarios, sin apegos que les permiten conexiones significativas con las personas. En el peor de los casos, los Cinco pueden parecer inteligentemente arrogantes o desconectados de sus emociones, ya que a menudo se retiran a estados introspectivos para tratar de darle sentido al mundo que los rodea.

Los Cinco centran sus acciones en disfrutar de la soledad y la propia compañía, dando gran importancia a la "privacidad", aunque cada individuo puede definirla de forma diferente. Usan el tiempo a solas para recargar recursos y establecer límites con los demás mientras son independientes; esto a menudo incluye hacer cambios en las rutinas o el entorno para mantener la autonomía sin volverse dependientes. Estos cambios podrían implicar la adopción de estilos de vida minimalistas o el acaparamiento en un extremo o en el otro.

Los Cinco tienden a ser conservadores en la forma en que utilizan los recursos disponibles, ya que esto puede obstaculizar su independencia. Pueden parecer distantes o desinteresados hasta que surge algo de su interés, momento en el que los encontrará muy receptivos y comunicativos, compartiendo información con los demás.

El pensamiento está en el centro de su ser, ya que creen firmemente en que el conocimiento es poder. Su sed de conocimiento les impulsa a explorar la información en profundidad; Si algo captara su interés, harían todo lo posible para dominarlo y establecerse como expertos en ese dominio.

La mente es un espacio sagrado donde pueden encontrar consuelo del resto de la vida. Las personas con este talento pueden organizar la información en varios compartimentos de su mente (ya sean eventos, fechas o cualquier otro hecho) para mantener el interés en diversos temas y al mismo tiempo crear límites claros entre los diversos aspectos de las relaciones y la vida.

Sus estados emocionales están muy influenciados por su capacidad cerebral, ya que tienden a comprender sus emociones intelectualizándolas y confiando en que sus mentes les darán sentido. Desafortunadamente, esto les dificulta separar entre sentimientos y pensamientos, lo que a menudo los deja exhaustos después de eventos cargados de emociones o proyectos abiertos.

Uno puede agotarse cuando gestiona continuamente los recursos y la energía personales, pero su capacidad para desapegarse de los sentimientos puede ayudar a gestionar la energía de forma más eficaz. Al distanciarse, obtienen poder sobre cuándo revisar o revivir los sentimientos según su conveniencia, lo que permite un mayor procesamiento emocional según su conveniencia. Su comportamiento de distanciamiento emocional cumple dos funciones: les permite controlar las emociones más fácilmente y les protege contra el dolor y el dolor; desafortunadamente, este mecanismo de afrontamiento a veces hace que parezcan fríos o distantes de los demás; sin embargo, esta estrategia crea una personalidad introspectiva y equilibrada.

Los del tipo Cinco son tipos de personalidad raros. Una encuesta realizada a 54.000 corresponsales reveló que, por término medio, sólo el 10% de los participantes caen en este tipo de personalidad, y es más frecuente entre los hombres que entre las mujeres (14% para los hombres y 7% para las mujeres).

Eneagrama tipo 6: Los Seis escépticos leales están impulsados por un fuerte deseo de pertenencia y seguridad; esto impulsa sus decisiones y relaciones. Mientras se esfuerzan por lograr la seguridad en cada situación, los seis valoran a las personas que demuestran lealtad y al mismo tiempo son responsables; a menudo muestran coraje y al mismo tiempo están profundamente conectados consigo mismos, dando a cambio a quienes los rodean regalos de confianza y devoción. Los Seis poco saludables tienden a preocuparse excesivamente mientras dejan que el miedo baje sus defensas, haciéndolos parecer sospechosos, dudosos o ansiosos.

Su diálogo interno les dice que el mundo puede ser un lugar inseguro y cruel, por lo que estar preparado y ser leal a sus seres queridos son ingredientes clave para la supervivencia. Se esfuerzan por no temer lo que les espera ahí fuera y se mantienen en guardia, protegiéndose siempre de su crueldad.

Los Seis suelen exhibir uno de dos patrones de acción. O muestran miedo y conductas de evitación para evitar situaciones emocionalmente abrumadoras o intentan enfrentar la ansiedad de frente enfrentándola de frente. La mayoría de los Seis se encuentran en algún punto intermedio entre estos extremos; su comportamiento cambiará dependiendo de las circunstancias de sus vidas.

Ciertas personas que pertenecen a este tipo de personalidad a menudo adoptan comportamientos de riesgo para demostrarse a sí mismos y a los demás que son valientes y valientes, ya sea que eso se manifieste como aventuras arriesgadas o actos verbales contra personas con patrones contrafóbicos. Los Seis son conocidos por trabajar con diligencia, constancia, dedicación y constancia, al tiempo que valoran la responsabilidad, la lealtad y la dedicación total a cualquier tarea que tengan entre manos. Su admirable ética de trabajo los convierte en empleados valiosos, lo que hace que otras personas se sientan cómodas al entregarles proyectos.

Los Seis tienden a evitar los problemas cuando es posible. Sin embargo, cuando se enfrentan a una situación desagradable, sus patrones de pensamiento los motivan a analizar las amenazas y los riesgos de manera crítica para estar en sintonía con su entorno y reconocer todos los posibles desafíos y problemas que puedan surgir. Aunque tienen la capacidad de resolver sus propios problemas de manera rápida y eficiente, su respuesta a veces puede incluir "sí, pero", lo que dificulta la comunicación entre todas las partes involucradas.

Las personas con este tipo de personalidad son conscientes de su autoridad en su pensamiento. Si bien se sienten protegidos y apoyados por figuras de autoridad, también les preocupa que los demás los decepcionen o los decepcionen. Su proceso de pensamiento implica hacerse preguntas internas que sirven como "comités internos", explorando muchas emociones no expresadas junto con las obvias.

Sus sentimientos a menudo se centran en la ansiedad mientras se concentran en los peores escenarios en sus relaciones diarias, y a menudo experimentan pánico o preocupación leve; o formas más intensas como el terror y el pavor. Su respuesta emocional permite un acceso rápido en cualquier momento; pero desafortunadamente esto significa revivir en sus mentes escenarios preocupantes incluso cuando las cosas les van bien en la vida; tendiendo a descartar las emociones positivas y centrarse en las negativas.

Al estar profundamente en sintonía con sus sentimientos, muchas personas tienden a proyectar inconscientemente sus emociones, esperanzas, pensamientos y miedos en quienes tienen delante. Sus propias dudas e inseguridades a menudo se manifiestan en un comportamiento difícil que causa problemas a los demás.

Las personas con personalidades del Tipo Seis pueden ser reconocidas por su capacidad para adaptarse perfectamente a cualquier entorno y esforzarse siempre por apoyar a sus seres más cercanos.

Eneagrama tipo 7: visionario entusiasta

Las personas que pertenecen al tipo de personalidad Siete son extremadamente entusiastas con la vida, siempre motivadas para maximizar su disfrute evitando situaciones conflictivas. Por naturaleza, los Siete tienden a ser optimistas: siempre buscan oportunidades que los inspiren en la vida y aprovechan estas posibilidades cuando están disponibles. Ven la vida como una aventura que impulsa su espontaneidad y aprecio por todo lo que les rodea; aunque otros pueden percibir a los Siete como tranquilos cuando están en "modo presente", ya que disfrutan de las actividades espontáneas; Debido a esta naturaleza espontánea, pueden parecer poco comprometidos o incluso desenfocados debido a su deseo de sentir la adrenalina de la vida.

Sus comportamientos se centran en encontrar maneras de escapar de la rutina y la monotonía en sus vidas, por lo que buscan activamente actividades o personas que agreguen emoción y aventura. Sin miedo a probar cosas nuevas, a veces abandonan tareas inconclusas por empresas más emocionantes.

Los Siete se esfuerzan por mantenerse activos y avanzar con confianza. Su energía radica en aceptar cada desafío con entusiasmo; esa descarga de adrenalina que surge de cada estallido de emoción los mantiene fuertes. Bajo presión, este tipo de personalidad puede cambiar de planes o realizar múltiples tareas para complctarlas con éxito. Sus cuerpos a menudo pueden dejar atrás a sus mentes cuando emprenden nuevos esfuerzos; esto significa que sus altos niveles de energía a menudo aparecen como movimiento constante o lenguaje corporal ocupado, dando a los demás la impresión de que están inquietos, ¡pero esta es simplemente su forma de mantenerse comprometidos!

Los patrones de pensamiento de los Siete están impulsados por una mente activa que realiza transiciones fluidas entre ideas y conexiones sin esfuerzo, involucrándolos en explorar lo que despierta su interés y les brinda gratificación instantánea. Por lo tanto, sus patrones de pensamiento implican una combinación de estimulación y procesamiento mental rápido. Los Siete tienden a tener muchas opciones y no les gusta sentirse restringidos en ningún sentido; tener opciones les proporciona libertad; su rápido ingenio les permite adquirir conocimientos en muchos campos, lo que fomenta la innovación y la creatividad, ya que tienen muchos datos a su alcance para aprovechar.

Además, les encanta compartir sus ideas con los demás, ya que esto los mantiene inspirados y comprometidos con la vida. Cuando llega nueva información, tienden a captarla rápidamente y descubren aún más en el camino.

Los Siete tienden a experimentar paisajes emocionales positivos que se manifiestan a través de personalidades enérgicas y optimistas, lo que lleva a otros a ver a los Siete como individuos optimistas, alegres y entusiastas. Cuando se enfrentan a emociones negativas como el aburrimiento, la tristeza, la ansiedad o el miedo, instintivamente buscan formas de revertir estos sentimientos negativos rápidamente para escapar del malestar más rápidamente.

La tendencia natural de los Siete hacia las emociones positivas a menudo les hace ver las experiencias negativas con optimismo, enmarcándolas en sus mentes como experiencias u oportunidades de aprendizaje. Desafortunadamente, esta racionalización hace que sea más difícil asumir la responsabilidad de las acciones cuando las cosas van mal; pero, por el lado positivo, mantiene su perspectiva positiva y ayuda a mantener una perspectiva optimista de la vida.

Los Siete tienden a ser muy protectores de su espacio personal y no les gusta que los desafíen sobre sus habilidades. Si desafías a un Siete, prepárate para afrontar su ira. Cuando se enfrentan a situaciones incómodas o difíciles, los Siete trabajan incansablemente para aligerar el ambiente con bromas o hacer declaraciones alegres para aliviar las tensiones y restablecer el equilibrio participando en anécdotas que provocan risas.

El estudio Truity descubrió que el Eneagrama Tipo Siete comprendía el 9 por ciento de los encuestados entre 54.000 participantes.[8]

Eneagrama Tipo 8: Los retadores activos Tipo Ocho están impulsados por su necesidad de parecer fuertes y evitar mostrar vulnerabilidad tanto como sea posible, lo que los lleva a ser directos e impactantes al enfrentar situaciones en las que se ven involucrados. Rápidamente toman el control de las situaciones controlando con franqueza. Los Ocho prosperan cuando se les desafía y son justos en sus tratos, utilizando su recto sentido de la justicia para salvaguardar a los demás. En el mejor de los casos, los Ocho parecen profundamente afectuosos pero fuertes pero accesibles. Cuando los Ocho actúan de acuerdo con la realidad, nos regalan a todos la inocencia. Sin embargo, en el peor de los casos, los Ocho pueden parecer agresivos, dominantes y lujuriosos como parte de su estrategia para parecer más grandes que la vida en un mundo a menudo cruel. Al controlar las situaciones, creen que pueden sortear las injusticias más fácilmente.

Los ocho residen en el corazón del Eneagrama. Su esencia es actuar basándose en el instinto en lugar de no hacer nada en absoluto, lo que a menudo se manifiesta a través de un discurso intenso y directo, la elección de palabras, el lenguaje corporal y el estilo de toma de decisiones. A los Ocho les encanta tomar el control y hacer que las cosas sucedan en sus propios términos; su independencia les permite dedicarse a proyectos que les resultan satisfactorios.

Cooperar con los demás no es algo natural para los Ocho; lo hacen por obligación. Los Ocho se enorgullecen de mantener el control, a menudo microgestionan ellos mismos los eventos y, a menudo, terminan microgestionando a otros cuando es necesario. Sus acciones rápidas les resultan muy útiles cuando otros se sienten abrumados y se vuelven rebeldes: rápidamente intervienen, se hacen cargo y resuelven las cosas de manera eficiente, sin vacilación ni demora.

Puede que la microgestión no sea su actividad favorita, pero les mantiene en control de la situación y genera resultados; por lo tanto, hacen todo lo necesario para lograr este fin.

Los Ocho no toleran la incompetencia y la debilidad de aquellos de quienes asumen responsabilidad, pero son ferozmente protectores de aquellos bajo su dirección. Cuando alguien que les importa recibe un trato injusto, los Ocho lucharán incansablemente para defender la justicia y corregir cualquier injusticia que se les cometa.

Los Ocho tienden a categorizar a las personas como débiles o fuertes y actúan en consecuencia, a menudo prestando más atención a ciertos individuos basándose en este método de evaluación de "todo o nada". Los Ocho tienden a favorecer la honestidad sobre la ambigüedad cuando manejan situaciones conflictivas, prefiriendo la verdad a permanecer al margen, ya que esto los hace sentir impotentes ante la situación; equiparse con tanta información sobre actualizaciones, progreso o eventos ayuda a los Ocho a centrarse en el panorama general de manera más eficiente.

Mantenerse centrado en sus propios motivos más que en los de los demás es clave para estas personas; No aprecian que los obliguen a hacer cosas que no disfrutan o que encuentran aburridas, porque esto desperdicia su energía de manera ineficiente.

Los ocho tienen patrones emocionales complejos. Suelen enojarse rápidamente y reaccionar en consecuencia, pero después de desahogar su ira rápidamente, rápidamente la superan. Debido a que los Ocho buscan evitar sentirse vulnerables, tienden a no expresar abiertamente sentimientos de tristeza o debilidad; en cambio, prefieren reconocer estos sentimientos sólo cuando están seguros, mostrando amor a través del poder y la protección como parte de su identidad.

El estudio Truity con 54.000 participantes demostró que el 15% de las personas se encuentran dentro del Eneagrama Tipo Ocho; estas personas eran predominantemente hombres.

Eneagrama tipo 9: pacificador adaptativo

Los Nueve tienden a actuar como mediadores, impulsados por el deseo de crear armonía en su entorno. Como tales, se esfuerzan por aceptar y complacer a quienes los rodean, al mismo tiempo que priorizan el establecimiento de la paz en todo lo que hacen; esto les permite evitar conflictos siempre que sea posible.

La mayor parte del mundo percibe a los Nueve como individuos vibrantes, experimentados y conscientes de sí mismos que se esfuerzan por realizar acciones que beneficien a quienes los rodean. Sin embargo, en el peor de los casos, los Nueve pueden parecer tercos, perezosos o abnegados; Esto sucede porque están de acuerdo con todos para mantener la paz, pero luego valoran las necesidades de los demás por encima de las suyas propias y crean sentimientos de incomodidad para ellos mismos y para aquellos con quienes interactúan. Sin embargo, su naturaleza complaciente atrae a los demás hacia ellos y al mismo tiempo hace que las personas se sientan cómodas en su presencia.

Los Nueve tienden a actuar basándose en su deseo de evitar el control de los demás, ya sea manipulando su entorno o resistiendo pasivamente cuando algo no les resulta cómodo. Sus acciones o la falta de ellas probablemente estarán impulsadas por el mantenimiento de la paz y la armonía, ya que no pueden tolerar el conflicto.

Se puede encontrar comodidad a través de rutinas y ritmos familiares que les resultan intrigantes, mientras que este tipo de personalidad disfruta forjando conexiones significativas que resultan en la fusión de energías de personas cercanas a ellos, lo que a menudo se manifiesta adoptando los hábitos o intereses de quienes están presentes en sus espacios íntimos. .

Los patrones de pensamiento de los Nueve se prestan bien a procesos estructurados; por lo tanto, priorizan los detalles y la claridad a la hora de abordar tareas o crear hábitos o procedimientos rápidamente. Cuando se les presentan grandes volúmenes de información, los Nueve la organizarán rápidamente en sus mentes en una estructura ordenada para darle sentido a todo.

Los Nueve tienden a ser tenaces y persistentes, pero tienden a guardarse sus opiniones para sí mismos para evitar parecer autoritarios ante los demás. Desafortunadamente, esto los deja descontentos con algunos aspectos de sus relaciones o vidas.

Su actitud puede parecer relajada y sensata, pero experimentan emociones intensas con gran intensidad, lo que requiere un esfuerzo de su parte para controlarlas y parecer pacíficos, serenos y accesibles. Sus intensas emociones los motivan a mantener la armonía entre las personas porque comprenden cómo los sentimientos influyen en el comportamiento.

Aunque destacan como mediadores pacíficos en situaciones de conflicto, los Nueve tienden a evitar involucrarse directamente con emociones negativas como la ira; Tales conexiones tienden a agotarles la energía y, a menudo, tampoco reconocen estos sentimientos. Por eso, intentan no experimentarlos con demasiada intensidad. Además, la mayoría de los Nueve son empáticos que pueden sentir las emociones de quienes están cerca de ellos, y a menudo captan la energía compartida entre las personas si su entorno es positivo y entusiasta; por el contrario, cuando se enfrentan a personas tristes o ansiosas, su estado de ánimo también puede disminuir drásticamente.

Los estudiantes de noveno grado representan el 13% de los encuestados en el estudio de Truity; la mayoría de los cuales son mujeres.

Los nueve tipos de personalidad representados en la rueda del Eneagrama se pueden dividir en tipos de Corazón, Cabeza y Cuerpo. Los tipos de corazón constan de los tipos dos a cuatro que dependen de la inteligencia emocional para navegar por la vida y conectarse con las personas que los rodean; Los tipos de cabeza incluyen los tipos del cinco al siete que se basan en el procesamiento intelectual de situaciones; mientras que los tipos de cuerpo del uno al nueve utilizan los instintos y las corazonadas al responder a las situaciones.

Los investigadores a lo largo de la historia han explorado diversas metodologías para comprender la personalidad humana. Una de esas pruebas, conocida como Prueba de personalidad de los cinco grandes (OCEAN), utiliza marcadores de factores de los cinco grandes derivados del conjunto internacional de elementos de personalidad de Goldberg, introducido en 1992 como método de análisis factorial para explorar respuestas estadísticas de grupos respondiendo a esta pregunta: ¿Cuál es una forma ideal? de resumir la personalidad de alguien?"[9]

Aunque las variables de personalidad no se pueden cuantificar, las respuestas clasifican a los individuos en cinco grupos amplios según sus rasgos dominantes: (O-Apertura C-Escrupulosidad D-Extroversión E- Extroversión A- Amabilidad

N - Neuroticismo Al comprender estos tipos de personalidad, puede comprender mejor a las personas al comprender sus necesidades, construir conexiones significativas a través de intereses comunes y adaptar su comportamiento en consecuencia.

Un factor interesante aquí es que estas personalidades pueden ser producto tanto de la naturaleza como de la crianza. Los padres pueden transmitirlos de padres a hijos o las personas pueden desarrollarlos a partir de cómo fueron criados.

Profundicemos en estos rasgos de personalidad y valoremos si la naturaleza o la crianza tienen mayor influencia.

Apertura Este rasgo de personalidad es conocido por dar la bienvenida a nuevos conocimientos y experiencias. Las personas con una calificación más alta en esta escala tienden a ser perspicaces e imaginativas con muchos intereses que varían ampliamente; la innovación y la curiosidad también ocupan un lugar destacado en ellos; por otro lado, aquellos con una clasificación más baja pueden ser más cautelosos, consistentes y tener dificultades con procesos de pensamiento abstractos. Si quieres medir el nivel de apertura de alguien en una escala como ésta, intenta hacerle estas preguntas: ¿Te encanta la aventura?

¿Tu imaginación se vuelve loca? ¿Ha sido usted quien inició nuevas actividades antes? ¿Estás preparado para nuevos desafíos?

Responder "sí" a todas estas preguntas indica altos niveles de apertura. Las personas con niveles tan altos de apertura disfrutan de los desafíos en la vida y buscan salidas creativas a través de las cuales expresarse creativamente. El 57% de los individuos posee hereditariamente este rasgo de apertura.

Escrupulosidad
Las características generales de este rasgo de personalidad incluyen comportamiento orientado a objetivos, consideración y buen control de los impulsos. Las personas concienzudas tienden a ser grandes planificadores y a pensar en el futuro al tomar decisiones en la vida; además, son muy conscientes de cómo sus acciones impactan a los demás, así como de los plazos que deben cumplirse.

Las personas que ocupan un lugar alto en la escala de escrupulosidad tienden a ser atentas, organizadas y eficientes en su enfoque de las tareas y los detalles. Las personas que ocupan puestos inferiores suelen ser tranquilas y relajadas. Aquí hay algunas preguntas que lo ayudarán a evaluar la posición de una persona en términos de escrupulosidad:

¿Se enorgullece de ser autodisciplinado?

¿Estás organizado y preparado para lo que pueda surgir? ¿O preferirías ser espontáneo? ¿Le gusta cumplir con un cronograma, priorizar las tareas con prontitud y prestar atención a los detalles de inmediato?

Responder "sí" a estas preguntas indica un alto nivel de escrupulosidad dentro de un individuo, como lo demuestra la organización y el orden en la vida y las relaciones. La escrupulosidad tiene un 49% de influencia hereditaria.

Los rasgos extrovertidos pueden identificarse por características como sociabilidad, asertividad, entusiasmo, expresividad emocional y locuacidad. Las personas que exhiben este rasgo de personalidad tienden a ser extrovertidas y prosperan cuando participan en reuniones sociales.

Las personas que obtienen una puntuación alta en la escala extrovertida prosperan siendo el centro de atención y disfrutando de estar rodeadas de gente. Por el contrario, las personas con puntuaciones bajas (introvertidas) encuentran agotadoras las interacciones sociales y disfrutan más de la soledad que de la compañía de otras personas.

Para comprender la extroversión en alguien, haga las siguientes preguntas: 8.5 ¿Tiene dificultades para ser el centro de atención en reuniones o iniciar una conversación en entornos sociales? ¿Te gusta conocer gente nueva y posees un gran círculo de conocidos o amigos?

¿Tiendes a expresar las cosas antes de pensar en ellas?

Si están de acuerdo con estas preguntas, obtienen una puntuación alta en la escala de extroversión. Si se encuentra rodeado de personas que obtienen puntuaciones más bajas en esta escala, trate de no obligarlas a volverse extrovertidas animándolas a hablar excesivamente o empujándolas a reuniones sociales; aquellos con rasgos de personalidad introvertidos tienden a permanecer más cerca de aquellos y lugares que les brindan alimento y consuelo emocional.

Los rasgos extrovertidos tienen un 54% de influencia hereditaria.

Amabilidad

Esta dimensión de la personalidad abarca atributos de bondad, confianza, afecto, altruismo y otras características prosociales. Las personas con un alto nivel de amabilidad tienden a ser compasivas, amigables y cooperativas, mientras que aquellos con un nivel bajo de este rasgo pueden volverse distantes, analíticos o competitivos, y a veces incluso llegan a tener un comportamiento manipulador.

Cuestione a las personas para determinar su posición en la escala de amabilidad: ¿confían fácilmente y ofrecen segundas oportunidades a los demás?, ¿son empáticos?, ¿les gusta hacer que los demás se sientan cómodos?, etc.

¿Le apasiona brindar asistencia a quienes la necesitan?

Una respuesta afirmativa a estas preguntas indica una clasificación alta en la escala de amabilidad. Las personas que obtienen una puntuación baja en esta escala a menudo no experimentan la empatía de forma natural y deben hacer esfuerzos conscientes y cambios de comportamiento para ponerse en el lugar de otras personas y reaccionar en consecuencia; El 42% de los factores hereditarios influyen en los rasgos de amabilidad.

Neuroticismo A esta dimensión de la personalidad se le atribuyen rasgos como el mal humor, la inestabilidad emocional y la tristeza. El neuroticismo se refiere a cómo alguien maneja sus emociones; las personas con puntuaciones altas en esta escala tienden a ser sensibles, fácilmente irritables y susceptibles a cambios de humor; por otro lado, aquellos que obtienen puntuaciones más bajas tienden a ser emocionalmente seguros, protegidos y resilientes.

Al hacer estas preguntas, es posible evaluar dónde se encuentra alguien en la escala de neuroticismo: (¿Preocupante? ¿Es fácil salir del estrés? Cambios recurrentes en el estado de ánimo).

¿Le resulta difícil afrontar situaciones estresantes?

Responder afirmativamente a estas preguntas indica un alto neuroticismo en una persona. Conocer sus factores desencadenantes y calmantes será beneficioso para mantener su estado de ánimo bajo control.

El neuroticismo tiene un 48% de componente hereditario.

Comprender estas características y cómo influyen en las personas es la clave para una mejor comunicación y determinar la mejor manera de interactuar con alguien que está frente a usted.

La teoría del temperamento del Dr. David Keirsey

El Dr. David Keirsey, creador educativo y psicólogo, presentó el Keirsey Temperament Sorter que clasifica a los individuos en cuatro grupos de temperamento según patrones de actividad, hábitos de comunicación, actitudes de carácter, talentos y valores, teniendo en cuenta el impacto de cada persona en el lugar de trabajo en relación con sus necesidades personales. .

El Dr. David Kersey afirma que la personalidad humana se puede dividir en cuatro grandes grupos según el temperamento. Cada temperamento incluye su propio conjunto de fortalezas, debilidades y cualidades que caracterizan sus características. Estos cuatro temperamentos incluyen:

Artesanos Estas personas pueden distinguirse fácilmente de otras por su experiencia en campos creativos como las artes, la literatura y la poesía. Sus acciones sirven como expresión de su arte, mientras que su sentido de la aventura los impulsa a tomar riesgos o ser espontáneos en ocasiones.

Los guardianes ocupan una posición esencial dentro de la sociedad al cooperar con quienes los rodean y seguir las reglas adoptadas por las culturas tradicionales. Su dedicación es lo que ayuda a mantener intacto el orden: constituyen entre el 40 y el 45% de la población.

Idealistas Las personas que se centran en el crecimiento y la mejora personal probablemente pertenecen al grupo de temperamento idealista, con fuertes sentidos de lealtad hacia los demás, motivados para tomar acciones que ayuden a los demás y tomar activamente medidas que beneficien a la sociedad en su conjunto. Entre el 15 y el 20% de la población pertenece a esta categoría de temperamento.

Los racionales, conocidos por sus estilos de pensamiento pragmático y lógico, se encuentran entre los tipos de personalidad más raros y son reconocidos por su experiencia en la resolución de problemas. Sin embargo, una vez que algo captura su imaginación, pueden sumergirse tanto que se separan de la realidad y los demás los perciben como extraños o distantes.

Sólo entre el 5 y el 10% de la población pertenece al grupo de temperamento Racional. Los consejeros profesionales utilizan con frecuencia Keirsey Temperament Sorter, ya que ayuda a las personas a comprenderse mejor a sí mismas y guiarlas por el camino profesional correcto.

Todas estas teorías tienen como objetivo comprender la naturaleza humana, lo que motiva a los individuos y su respuesta ante determinadas situaciones. Con el conocimiento acumulado por los investigadores durante décadas, somos más capaces de leer a las personas y forjar conexiones entre todos.

Como cree la mayoría de la gente, escuchar no equivale a oír. Las personas generalmente inician conversaciones con la esperanza de ser escuchadas o con la esperanza de no ser escuchadas en absoluto; este último caso a menudo nos lleva a prestar menos atención a lo que la otra persona dice de lo que pretendíamos, y ambas partes experimentan nuestra falta de interés como si la sintieran. ambos lados.

Escuchar atentamente puede cambiar las reglas del juego en las conversaciones y en su capacidad para comprender a las personas. Simplemente prestar atención a lo que la gente realmente dice podría cambiarlo todo: no es necesario adivinar cómo piensa alguien; simplemente escuche atentamente cuando alguien habla si quiere echar un vistazo dentro de la cabeza de alguien; en lugar de eso, preste más atención cuando alguien habla; muchos no ocultan sus pensamientos y opiniones detrás de muros de acero, sino que prefieren ser abiertos acerca de quiénes son y no tienen miedo de dejarte entrar si los escuchas con la suficiente atención.

No sentirás la necesidad de leer la mente de alguien si puedes interpretar con precisión sus intenciones al hablar.

Carl Rogers y Richard Farson popularizaron por primera vez el término "escucha activa" en 1957, y su definición fue ampliamente reconocida con el tiempo. La escucha activa y pasiva son dos formas de escuchar. Para obtener los mejores resultados de escucha, se debe priorizar la escucha activa. Para centrarse verdaderamente en alguien, es necesario priorizar la escucha activa sobre la pasiva.

La escucha activa requiere presencia mental, paciencia y la capacidad de escuchar sin sentir que uno debe responder. Concéntrese en comprender lo que la otra persona está comunicando mientras resiste cualquier impulso de interrumpir. Cada vez que sientas que tienes algo mejor que agregar, decide esperar. Cada vez que hablamos perdemos una oportunidad de crecimiento. Al brindarle a alguien un espacio seguro para expresarse, puede obtener información valiosa. ¡Permite que otra persona te tome de la mano mientras te guía en un recorrido íntimo por su mente!

¡No hay necesidad de adivinar y leer entre líneas! Simplemente deja que la otra persona hable sin interrupciones ni juicios; de esta manera descubrirás más sobre ella que con cualquier otra estrategia.

¡A la gente le encanta hablar de sí mismos! Aproveche esta tendencia natural mostrando interés genuino y haciendo preguntas inquisitivas para descubrir toda la información sobre ellos mismos que podrían revelar.

Utilice el lenguaje corporal como apoyo

Hablar con alguien cuyos ojos están fijos en nada detrás de tu hombro no es agradable ni alentador, así que asegúrate de que tu lenguaje corporal refleje tu interés al comunicarte. Vuélvete hacia ellos, sonríe con frecuencia y asiente frecuentemente mientras mantienes el contacto visual; no parezcas aburrido o desinteresado, ya que esto rápidamente se hará evidente y serás irrespetuoso con ellos a medida que aprendas más sobre su identidad.

Reducir las distracciones
Es fundamental que tu mente permanezca libre de distracciones. Mientras otra persona habla, resista la tentación de hacer listas mentales o responder correos electrónicos durante esa conversación; estar. Debes eliminar cualquier cosa que cause distracción: aleja tu teléfono de la línea de visión directa para que no te tiente a levantarlo o revisar las notificaciones cada vez que suena.

Asienta con ánimo y responda a sus historias
Asegúrese de asentir de manera alentadora, inclinarse hacia adelante y responder apropiadamente cuando escuche historias para transmitir que está profundamente involucrado sin exagerar para parecer contundente. Hay varias formas de demostrar que estás escuchando; aquí hay algunos:
* Responde usando tu cuerpo. Por ejemplo, abrir más los ojos o apretar los puños podría actuar como una pista de que algo anda mal, ya sea conmoción, sorpresa, decepción o emoción.
* Reiterar su declaración. Por ejemplo, si te dicen que prefieren las zanahorias a otras verduras en general, responde con algo como: "¿Quieres decir que de todas las verduras del mundo prefieres las zanahorias?" Para demostrar que estabas prestando atención, repite lo que dijo en voz alta para que la otra persona sepa que escuchaste y entendiste su punto. Esto demuestra tu interés y les muestra que te preocupas.
* Pídales que repitan. Aunque esto pueda parecer de mala educación, hacerlo muestra respeto por cada palabra que comparten y garantiza que no se pierda nada importante.

Simplemente escuchar puede ayudarle a adquirir mucho más conocimiento sobre las personas que cualquier otro enfoque. Cuando escuchamos cuando alguien habla y planteamos preguntas pertinentes, ¡podemos aprender mucho más que de otra manera! ¡Muestre interés genuino en los demás y ellos abrirán sus juegos mentales para que los explore!

¿Alguna vez has tenido una cita y te has quedado pensando en lo que la otra persona estaba pensando o sintiendo? Lo ideal sería que hubiera carteles que nos permitieran saber el progreso de la reunión. Bueno... ¡lo hay! El lenguaje corporal es un medio inconsciente de transmitir cómo se siente alguien; interpretar sus señales correctamente. A veces estas señales subconscientes salen a la luz sin saberlo. La investigación de la UCLA[12] ilustra este punto; Sólo el 7% de la comunicación se produce a través de lo que decimos (es decir, palabras), el 38% a través del tono y el 55% mediante el lenguaje corporal; aprender a interpretar este 55% puede dar una ventaja a la hora de comprender a las personas.

Entonces, la próxima vez que tengas una cita o asistas a una reunión social, mantente atento a estas señales sutiles:

* Ojos Sonrientes: Dicen que los ojos son la ventana de nuestra alma; ¡Eso es ciertamente cierto! Cuando las personas están felices, su sonrisa a menudo puede escapar de la ocultación a pesar de los intentos de ocultarla, hasta que finalmente la piel se arruga alrededor de los ojos, creando patas de gallo, ¡revelando su presencia! A veces las personas sonríen simplemente por cortesía o para ocultar sus verdaderos sentimientos, así que si quieres saber si alguien está sonriendo genuinamente, ¡solo presta atención a sus ojos!

*Piernas y brazos cruzados: Cruzar las piernas y los brazos forma una barrera física contra quienes están frente a ellos e indica resistencia, incluso cuando sus palabras o sonrisa indican lo contrario. La interpretación psicológica sugiere que este lenguaje corporal indica que alguien está emocional, psicológica o físicamente alejado de lo que sea que tenga por delante.

* Cejas levantadas: Cuando alguien levanta las cejas, podría indicar preocupación, miedo o sorpresa. Es difícil de lograr en una conversación informal; intenta criarlos mientras disfrutas de un café con tus amigos y notarás la diferencia de inmediato.

* Reflejar el lenguaje corporal: ¿Alguna vez te has encontrado con alguien que refleja tu lenguaje corporal inclinando la cabeza de la misma manera o descruzando las piernas exactamente en el mismo momento que tú? Esto demuestra que están interesados en lo que estás diciendo y te están copiando inconscientemente sin saberlo por respeto; Si esto sucediera en una cita, ¡podría ser invaluable!

* Mandíbula apretada: cuando se involucra en situaciones de conflicto o disputa, una característica que se vuelve evidente rápidamente es la mandíbula apretada, el ceño fruncido o el cuello tenso, porque sentirse incómodo desencadena tensión física en el cuerpo que se manifiesta en señales de estrés que causan esta reacción.

* Asentir exageradamente: si alguien responde asintiendo repetidamente en respuesta a lo que usted está diciendo, esto no indica que esté de acuerdo con lo que se dice, más bien muestra ansiedad en su nombre y su deseo de complacerlo asintiendo en consecuencia.

Aunque no puedas leer la mente de alguien directamente, aún puedes observar su lenguaje corporal e interpretar sus verdaderos sentimientos. Aprender la psicología de las personas es un viaje de aprendizaje permanente que solo mejora con la experiencia. Descubrir las motivaciones detrás de sus acciones y correlacionarlas con los rasgos de personalidad proporciona información más profunda sobre cómo funciona nuestra mente y cómo desenredarla.

¿Alguna vez has considerado cómo tus contribuciones impactan una conversación? Comprender a las personas requiere no sólo observar lo que hacen los demás, sino también observar las acciones mismas. La comunicación es bidireccional; Para actuar correctamente, debe hacer su parte comprendiendo y alineándose con lo que la otra parte le está comunicando.

Nadie puede leer con precisión a las personas si está lleno de prejuicios y creencias que le impiden ver la imagen completa. Antes de comenzar a observar a los demás, es necesario adquirir un conocimiento profundo de uno mismo: cómo actúa, piensa y percibe a las personas.

Esta sección explora sus creencias internas para determinar si algún sesgo, prejuicio o comprensión limitada de la naturaleza humana está obstaculizando la comunicación o las percepciones de los demás.

¿Recuerdas cuando Donald Trump tuiteó "Soy un genio muy estable"? Su respuesta generó críticas de comediantes y periodistas por su falta de conciencia de sí mismo; sin embargo, la mayoría de las personas fallan en esta área, lo que a menudo les lleva a tener dificultades para comprender a los demás. Si bien puede parecer confuso al principio, "cada persona es tu espejo", así que para comprender completamente a otra persona, ¡primero debes comprenderte completamente a ti mismo! ¡Esto es algo que la mayoría de la gente desconoce!

Esto nos lleva a nuestra siguiente pregunta (es decir, cómo conocerse a uno mismo). Bueno, es un proceso extenso que implica ser brutalmente honesto contigo mismo; a veces esto puede parecer fácil o fácil, ¡pero a veces este desafío se convierte en el más grande de toda tu vida! Por ejemplo, a veces nuestra ira o arrebatos emocionales pueden parecer justificados porque otras personas los desencadenaron; sin embargo, es nuestra responsabilidad como individuos controlar nuestras reacciones en lugar de culparlas.

Los puntos ciegos se definen como rasgos visibles para los demás pero invisibles para nosotros mismos. Un psicólogo llamado Simine Vazire llevó a cabo un experimento para probar esta teoría.[13] Pidió a los participantes que se evaluaran a sí mismos y a cuatro amigos en varios rasgos como inteligencia, estabilidad emocional, asertividad y creatividad para ver quién podía predecir con mayor precisión quién predecía mejor la personalidad y los rasgos de cada persona: ellos mismos o sus amigos. El objetivo era determinar qué predecía la personalidad con mayor precisión.

Los resultados revelaron que las personas eran más conscientes de su propia estabilidad emocional en comparación con la de sus amigos, como cuando hablaban en público o cuán estresados parecían cuando hablaban en discusiones grupales. Los amigos tuvieron una mejor idea de si un candidato asertivo participó o predijo su desempeño en pruebas de creatividad o de coeficiente intelectual.

Su capacidad para comprender su ancho de banda emocional se muestra en su mayor visibilidad para los demás de lo que sería de otra manera.

Los rasgos que son más visibles para otras personas que para usted mismo pueden seguir siendo un misterio para usted. Cantar en un bar de karaoke requiere convencerse a usted mismo y a quienes lo escuchan de que su talento existe; sin embargo, estos oyentes pueden evaluar mejor su estilo de canto y rango vocal.

Las personas tienden a sobreestimar su inteligencia, y este patrón se observa más comúnmente entre hombres que entre mujeres. Las personas también tienden a sobreestimar cuán generosas son en realidad, ya que la generosidad se considera un rasgo admirable. Las personas también creen erróneamente que no son parciales ni críticas porque ¿quién admitiría tales afirmaciones contra sí mismas?

¿Cómo puedes aclarar esta visión borrosa de ti mismo y verte claramente en el espejo? Siempre que un aspecto de ti mismo te resulte difícil de aceptar, pide ayuda a las personas más cercanas a ti para que te muestren un espejo. Los amigos, padres o parejas románticas tienden a tener más conocimiento de quién eres realmente que cualquier otra persona; sin embargo, su impresión también puede verse empañada debido al amor o los prejuicios que tienen contra usted.

Tus VITALES conforman tu personalidad; entiéndelos. Éstas incluyen:

Valores (V), Intereses (I), Temperamento (T), Actividades y metas las 24 horas (ATC), Misión y metas de vida (LMG), son importantes para una vida exitosa.

S - Habilidades/Fortalezas

Reconocer sus valores, como ayudar a los demás, ser honesto y amable, constituye la base para tomar decisiones importantes en la vida y establecer metas. ¡Conocer tus valores te mantiene activo cuando los tiempos se ponen difíciles y mantiene alta la motivación! ¡Se ha demostrado que escribirlos en un diario o diario motiva acciones tomadas hacia la autoconciencia! ¡Conociendo tus valores!

* Al tomar decisiones, ¿se basa en sentimientos o en hechos? * ¿Cómo recargas tus reservas de energía: extrovertida o introvertida? * ¿Planificas todo meticulosamente o te dejas llevar? * ¿Son más importantes para usted los detalles o las ideas más amplias?

Comprender sus respuestas a tales consultas le permitirá ubicarse intuitivamente en situaciones que fomentarán el crecimiento y evitará aquellas que lo limiten. Cuando tu personalidad se alinea con el entorno que te rodea, la energía se utiliza para proyectos productivos en lugar de desperdiciarse y te sientes menos agotado que antes.

Biorritmos o actividades las 24 horas: aquí la atención debe centrarse en sus biorritmos o actividades las 24 horas. Por ejemplo, ¿cuándo experimenta sus niveles máximos de energía: por la mañana o al mediodía? Armonizarse con su biología le permite programar actividades cuando le darán los mayores beneficios; A menudo estas características han estado presentes desde el nacimiento; es sólo cuestión de reconocerlas y actuar en consecuencia.

Combinar frecuencias biológicas con actividades brinda experiencias gratificantes, lo que hace la vida mucho más sencilla cuando no pretendes ser alguien que no eres.

La vida se vuelve más feliz y significativa cuando entendemos las misiones y objetivos de nuestra vida. Si no está seguro de cómo hacerlo, piense en eventos que fueron especialmente significativos en su vida y examine sus causas: ¿fueron las personas que conoció allí o simplemente el sentimiento que experimentó? Este ejercicio puede revelar aspectos ocultos de su personalidad, así como descubrir qué impulsa sus decisiones profesionales u otros aspectos.

Una vez que sepa hacia dónde quiere dirigirse en la vida, será más fácil evaluar si posee las herramientas o las fortalezas necesarias para alcanzar sus objetivos de vida. Estos pueden incluir talentos, habilidades o destrezas, así como fortalezas de carácter como inteligencia emocional, resiliencia y lealtad, etc.

Reconocer las propias fortalezas y habilidades genera confianza en uno mismo; no ser conscientes de ellos da como resultado una menor autoestima.

Para comprender mejor sus puntos fuertes, esté atento a los elogios, ¡pero sea modesto al aceptarlos! Por ejemplo, si alguien te dice que ama tu voz suave, ¡aprovecha esto como una oportunidad para perfeccionar este talento y cantar más a menudo! Además, preste atención a cualquier debilidad para que no perjudique su confianza en sí mismo y requiera medidas correctivas.

Una vez que sea más consciente de sí mismo y se comprenda a sí mismo (es decir, sus rasgos de personalidad, fortalezas, debilidades y factores desencadenantes), se sentirá empoderado al saber que puede usar ese conocimiento no solo para el crecimiento personal sino también para obtener una mayor comprensión de quienes lo rodean. tú. Al conocerse mejor a sí mismo, sabrá dónde deben trazarse los límites y qué factores desencadenantes deben evitarse para no perturbar la paz mental: ¡todas habilidades esenciales para dar el 100 por ciento sin sentirse agotado!

El conocimiento es poder; el autoconocimiento puede traer paz.

Comprenda sus prejuicios, prejuicios y limitaciones

Lo más probable es que haya escuchado historias sobre prejuicios en los que alguien fue ignorado para un empleo o fue atacado por las autoridades debido a su raza, género o nacionalidad. Nuestra percepción natural de esas personas es que son malas personas por tener prejuicios hacia ciertos grupos; pero la mayoría no se da cuenta de que los investigadores en ciencias del cerebro y la psicología afirman que los sesgos y prejuicios tienden a ser procesos subconscientes que aún influyen en las interacciones con los demás y contribuyen a las injusticias sociales en la sociedad.

Este comportamiento se vuelve más obvio al interactuar con personas fuera de su círculo social inmediato al mostrar prejuicios (sesgos emocionales), discriminación (sesgos conductuales) y estereotipos (sesgos cognitivos). Estos prejuicios pueden ser inconscientes (es decir, automáticos y ambivalentes); es posible que también hayan sido fomentados por la sociedad en general; La educación tiene una enorme influencia. Puede desarrollar la conciencia de su pensamiento inconsciente, así como identificar cómo le influye en el día a día.

¿Cómo se forman los sesgos y los prejuicios y qué se puede hacer al respecto? Al considerar estas cuestiones, primero debemos centrarnos en el origen de los sesgos y prejuicios, y luego en las formas de mitigar sus efectos. Nuestras mentes tienden a categorizar y separar la información en secciones separadas, lo que conduce a este comportamiento. Cuando forma asociaciones en circunstancias sociales almacenando, procesando y aplicando conocimientos sobre otros conocidos como Cognición Social; Los sesgos implícitos surgen cuando nuestro cerebro busca patrones para establecer conexiones, ¡algo que nos lleva directamente de nuevo a los sesgos implícitos!

Los sesgos implícitos resultan de la tendencia de nuestro cerebro a tomar atajos en un esfuerzo por simplificar la vida. Dado que la sobrecarga de información puede hacer que el procesamiento de datos sea engorroso y requiera mucho tiempo, los atajos mentales nos permiten examinarlo todo más rápidamente y encontrar qué información corresponde.

Aunque cambiar los prejuicios y prejuicios de otras personas es un desafío, al identificar tus preferencias personales puedes ayudar a disminuirlas y ayudar a otros a comprender cómo sus prejuicios influyen en sus juicios y acciones hacia los demás.

Empecemos por la base. En primer lugar, reconocer que cada persona es un individuo con cualidades, fortalezas y debilidades individuales que no se pueden categorizar. Por lo tanto, dedica tiempo a conocer a las personas a un nivel íntimo y evita categorizar o estereotipar a las personas basándose en estereotipos o prejuicios. Si su reacción hacia alguien surge debido a uno, cambie su comportamiento inmediatamente para eliminar esas creencias perjudiciales; aunque a veces las respuestas pueden llegar rápido; Tómese un tiempo después de actuar para reflexionar y considerar otras opciones antes de volver a actuar de determinada manera.

El cambio de perspectiva también es clave para cambiar la mentalidad. Ver las cosas desde la perspectiva de los demás te pone en su lugar y te ayuda a comprender de dónde vienen, cómo piensan y sus experiencias. Hacer esto también puede infundir empatía en tu interior; una vez que surja este sentimiento, naturalmente lo pensarás dos veces antes de juzgarlos.

Interactuar con nuevas culturas, etnias y razas también es beneficioso para ampliar su perspectiva. Al dedicar más tiempo y atención a las personas de estos grupos, sentirá un sentido instantáneo de pertenencia que evitará que se desarrolle cualquier prejuicio contra ellos.

Además del yoga y la meditación, las prácticas de atención plena, como la respiración enfocada o la meditación del yoga enfocada, también permiten a las personas tomar conciencia de sí mismas y tomar el control de sus pensamientos y acciones.

Los prejuicios, las limitaciones y los prejuicios personales pueden ser problemáticos porque impiden ver a las personas más allá de una determinada caja, lo que a su vez conduce a una comprensión incorrecta de ellas. Pero en el lado positivo, tener una mente abierta y ser consciente de estas restricciones le permitirá trabajar para eliminarlas o al menos disminuirlas; esto no solo mejorará su interpretación de las personas, sino que ampliará aún más su mente y fomentará el desarrollo personal.

¿Alguna vez se ha encontrado en un callejón sin salida, sin saber qué dirección tomar? ¿Después de hacer listas exhaustivas de los pros y los contras de las distintas opciones disponibles, no logra avanzar en la toma de una decisión? Cada opción plantea diferentes obstáculos, lo que te deja sin saber cuál es la mejor manera de avanzar.

En estas circunstancias, es importante hacer un inventario honesto de usted mismo e identificar sus verdaderos deseos. Pero si este proceso no es algo natural para ti y la presión te hace actuar impulsivamente o cumplir con un comportamiento que agrada a las personas, ¡los resultados podrían ser devastadores!

La intuición puede ser tu amiga en tiempos difíciles. Algunos lo llaman intuición; otros se refieren a ello como su intuición, su voz interior o su corazonada; No importa el nombre que reciba, la intuición lo guiará por caminos difíciles en la vida indicándole cuándo la decisión se alinea con su corazón.

Sin embargo, a muchas personas les resulta difícil reconocer su intuición. Esto se debe a que nuestros obstáculos internos a menudo se interponen en nuestro camino, como pensar demasiado, buscar aprobación, sesgos implícitos sobre lo que deberíamos tener y traumas pasados que nos impiden aprovecharlos. Superar estos obstáculos requiere autoconciencia y capacidad de identificar qué impulsa sus decisiones; cuando esto se logra, surge un fuerte pensamiento intuitivo que conduce a decisiones que nos benefician a nosotros mismos como individuos y a tener cuidado al elegir decisiones que nos sirvan bien.

Personas conocidas como Henry Ford son grandes ejemplos de quienes confían en la intuición. Uno de esos individuos fue en 1914, cuando Henry Ford enfrentó una demanda decreciente y una alta rotación en su empresa. En lugar de seguir los consejos convencionales y aumentar los salarios de los empleados en un 50%, tomó una medida audaz y los duplicó, lo que provocó una disminución de las tasas de rotación y más trabajadores se permitieron comprar automóviles y, finalmente, volvió a aumentar la demanda.

Albert Einstein fue otro científico notable que hizo caso omiso de las teorías tradicionales de la física debido a su intuición. Admitió que creía en las inspiraciones y las intuiciones y se sentía seguro de estar en lo cierto a pesar de no saberlo con certeza. Cuando los científicos financiados por la Real Academia realizaron experimentos para probar la teoría de la relatividad de Einstein, él estaba seguro de su éxito; ¡no fue una sorpresa cuando un eclipse el 29 de mayo de 1919 demostró su teoría!

Paul McCartney se basó en gran medida en la intuición al crear "Yesterday". Según él, soñaba con escribir algo que se hiciera inmensamente popular, pero le aterrorizaba que su contenido pudiera diferir de lo esperado. Sin embargo, aún así confió en sí mismo y confió en la intuición que finalmente lo llevó hacia el éxito y hacia lo que consideraba "la experiencia más mágica".

Entonces, ¿qué es exactamente la intuición? Un punto clave sobre la intuición que conviene recordar es que carece de lógica; en cambio, se basa en instintos emocionales, experiencias u otros factores para tomar decisiones. Además, la intuición se puede dividir en tres categorías diferentes.

* Insight y coherencia: Esta área se relaciona con la inteligencia (IQ) e implica darse cuenta de algo sin comprender su origen.

La intuición subjetiva se refiere a tener la ilusión de saber algo, a menudo utilizada por tipos intelectualmente curiosos y que resuelven acertijos. * El aprendizaje implícito se refiere a conocer algo mediante la captación de patrones cognitivos.

La intuición se basa en hacer coincidir patrones de experiencias pasadas con aquellos de situaciones presentes, con información procesada tanto consciente como inconscientemente por el cerebro. Luego, tu intuición extrae estos pensamientos y patrones de tu parte inconsciente del cerebro y los aplica directamente en el escenario actual; esto lleva a que las decisiones se tomen de manera más rápida y decisiva.

Las capacidades predictivas del cerebro entran en juego al hacer coincidir o no el conocimiento oculto que no ha alcanzado la conciencia con las experiencias actuales.

¿Por qué hemos convertido esto en una conferencia sobre la intuición? Simplemente porque una vez que comprenda su funcionamiento y su efecto en la toma de decisiones, podrá diferenciarlo de las respuestas emocionales inducidas por el miedo y utilizar sus conocimientos para tomar decisiones de vida más efectivas.

No sólo podrás identificar tu intuición, sino que también podrás fortalecerla aún más a través de varios ejercicios.

La introspección deliberada ayuda a aumentar la autoconciencia y a reconocer sus prioridades. Las personas que practican la introspección con regularidad exploran sus sentimientos, dónde les afectan y dónde se encuentran sus respuestas emocionales. Las personas que hacen introspección con regularidad no temen sentir sus emociones; más bien adquieren el hábito de preguntar "¿Cómo me siento al respecto?" para identificar y confiar en sus emociones.

Las personas altamente intuitivas son conocidas por ser abiertas y honestas consigo mismas sin esconderse detrás de una fachada supuesta, reflexionando sobre sus necesidades y deseos en lugar de quedar atrapados en lo que "deberían tener". Su perspectiva está impulsada por valores que ayudan a mantener el equilibrio dentro de ellos mismos y mantienen la intuición bajo control.

Recargando sus energías, buscan de vez en cuando la soledad para recargarse y reflexionar hacia dentro. La soledad puede presentarse en forma de paseos tranquilos por parques y bosques, tomando café junto a una hoguera o sentados junto al mar contemplando la puesta de sol: cualquier actividad que les permita escuchar su voz interior y al mismo tiempo darse un respiro.

La empatía es otra característica que se encuentra comúnmente entre las personas intuitivas. Su capacidad para ponerse en el lugar de otras personas y sentir cómo otra persona podría experimentar un evento los convierte en la persona a quien recurren muchos otros. Su intuición les hace sentir curiosidad por comprender qué tan cerca se sienten; no por curiosidad sino por querer establecer vínculos fuertes entre individuos; Cuanto más familiariza un empático intuitivo con alguien, más fácil le resulta predecir el estado de ánimo de esa persona y descubrir sus necesidades y emociones. Sus sentidos captan señales como el lenguaje corporal y las interacciones sociales que les ayudan a comprender con mayor precisión lo que los individuos necesitan de quienes los rodean en términos de lenguaje corporal o interacciones sociales que ayudan a conectar puntos para comprender lo que cada otra persona necesita de ellos y comprender. lo que las personas necesitan de los demás en términos de lenguaje corporal o interacciones sociales que ayudan a los empáticos intuitivos a sentir lo que cada otra persona también necesita de ellos.

La intuición puede ser un recurso poderoso que puede ayudarte a escapar de situaciones dañinas y guiarte hacia aquellas que te brindarán una mayor satisfacción. Con sus respuestas instantáneas y su capacidad de apertura de la capacidad mental, la intuición nos ayuda a tomar decisiones rápidas e informadas. Reconozca las situaciones en las que la intuición emerge más fácilmente para que pueda aprovechar este recurso más plenamente. Recrea esos momentos para maximizar su poder.

Vivir en la sociedad actual moldea nuestras acciones, pensamientos y personalidades de muchas maneras; mantenerse fiel a uno mismo mientras navega por esta vida puede ser un desafío; sin embargo, ser auténtico ayuda a desbloquear todo su potencial y a alcanzar su máximo potencial.

Cuando alguien te pregunta cómo estás, ¿cómo debes responder? ¿Te inclinas a asumir que no les importa mucho y a dar una respuesta poco sincera como "Estoy bien"? ¿O debería considerar responder honestamente cómo se siente realmente? La mayoría de las personas eligen este último enfoque, ya que revelar el verdadero estado de uno dará lugar a más conversaciones sobre ellos mismos que muchos prefieren evitar.

Idealmente, la gente no tendría miedo de expresarse libremente y usar máscaras en lugar de aislarse de los demás. Desafortunadamente, sin embargo, cuando seguimos usando nuestras máscaras por mucho tiempo, se vuelve difícil quitárnoslas, lo que hace que nos convirtamos en alguien que no somos e incluso cuando estamos solos comenzamos a pensar en cómo nos ven los demás y qué pueden pensar de nosotros.

Svend Brinkman, un psicólogo danés, señaló que las personas a menudo esperan que ellas mismas y los demás parezcan siempre felices y positivas; sin embargo, esto puede tener efectos secundarios negativos. Si bien ser positivo puede ser positivo en sí mismo, parecer feliz en todo momento puede implicar ocultar tus verdaderos sentimientos para complacer a los demás pareciendo positivo[14].

Nadie puede permanecer feliz y optimista todo el tiempo. Al fingir que todo está bien cuando no es así, dejas de ser asertivo y empiezas a desviarte de quien realmente eres. Reconocer las emociones negativas incita a reflexionar sobre qué las causó y los eventos que podrían haber contribuido a su manifestación; una vez encontrado, se deben hacer esfuerzos para solucionarlo; simplemente mantener los problemas ocultos sólo aumentará su gravedad con el tiempo y se volverá inmanejable.

¿Cómo puedes comenzar el camino hacia convertirte en tu verdadero yo?

Aprenda a ser vulnerable

Ser fiel a uno mismo significa ser capaz de pedir lo que necesita y expresarlo verbalmente. Expresar sentimientos a través del habla nos permite articular nuestras necesidades y deseos, como decirle a alguien "está bien no estar bien". Ignorar un aspecto de ti mismo podría significar suprimir otra parte; Ser tu verdadero yo significa aceptar todas tus partes: ¡tanto las necesitadas como las autosuficientes por igual!

La vulnerabilidad les da a los demás menos poder para resaltar sus defectos o debilidades; una vez conscientes, otros no pueden usarlos en tu contra.

Tómate un tiempo para observar cómo actúas cuando no hay nadie cerca; ¿Qué acciones agradan a los demás o a ti mismo? Convertirse en su mejor y auténtico yo no depende de tener éxito o tener un alto estatus; más bien implica desarrollar el carácter a través de cómo te comportas cuando no hay nadie presente.

Para lograr la vida que deseas, es imperativo que seas fiel a quien quieres ser. Muchos adoptan en la vida un enfoque de "finge hasta lograrlo", pero esto puede convertirse en un desafío si faltan pasión y voluntad de vivir auténticamente. Un carácter fuerte ayuda a desarrollar la resiliencia que nos permite llegar más fácilmente a nuestros destinos deseados.

El carácter se define por cómo reaccionas en una situación determinada en lugar de convertirte en una víctima de lo que te sucede. Hacer lo correcto ante los obstáculos es parte de este concepto; otro aspecto implica esforzarse por superarlos para demostrar a los demás que puedes soportar cualquier cosa que se te presente. Hacerse cargo de su vida significa no pedir disculpas por las decisiones y acciones tomadas, permanecer optimista incluso en momentos difíciles y convertirse en su mejor yo para crear la vida que imagina para sí mismo.

Pero, ¿cómo identificas qué es lo que realmente deseas? Desafortunadamente, el éxito, el estatus o la riqueza no siempre traen felicidad o satisfacción: nuestro deseo de objetivos materialistas proviene de no creer que somos suficientes.

La necesidad de los seres humanos de sentirse "suficientes" como quienes son es lo que motiva a muchos de ellos a comprar cosas caras y cenar en restaurantes lujosos. Tu ego comienza a decirte que seas alguien que no eres sólo para demostrar tu valía a los demás; pero esto no refleja una verdadera comprensión de la autoestima.

El ego puede suprimir nuestro yo auténtico con su incesante búsqueda de valor y amor propio, por lo que, como medio para llenar ese vacío, lo alimentamos buscando riqueza o estatus.

Reconocer que eres suficiente sin todos los lujos materialistas es clave para darte cuenta de quién eres realmente y crear la vida que imaginas para ti. Al creer esto profundamente dentro de ti, puedes conectarte con quién eres realmente y dar forma a una existencia plena para ti.

Al aceptar y reconocer quién eres realmente, envías la señal de que estás listo para embarcarte en el camino trazado por el universo, superar cualquier desafío en el camino y emerger como una persona feliz y contenta.

¿Estamos leyendo (juzgando) demasiado? Hace unos días, mientras esperaba en la cola para entrar a mi gimnasio para mi sesión de entrenamiento nocturna, escuché a dos mujeres hablar sobre otra miembro del gimnasio a quien conocían como "la gorda ** Judie". Uno dijo algo así como: "Me pregunto si ella estará aquí esta noche...".

"Sí, ahí está. Jesús, tiene un cerebro de guisante".

Cuando llegó su turno, ambas mujeres entraron al gimnasio riéndose de Judie como entretenimiento. Se trataba de mujeres adultas cuya fuente de entretenimiento consistía en criticar a alguien que abordaba los problemas de forma diferente a ellas.

Acontecimientos como estos sirven para recordarnos que el juicio es una emoción desagradable. Desafortunadamente, el juicio a menudo te define más que a cualquier otra persona; el tuyo a menudo surge de debilidades dentro de ti mismo.

¿Alguna de estas situaciones te suena familiar? "¿Por qué el Instagram de esa chica tiene más seguidores que el mío, a pesar de que sus fotos parecen tomadas por un estudiante de primaria?" Lo que esto implica es que desearías que tu cuenta tuviera más seguidores, sintiéndote inseguro todo el tiempo.

"Ese tipo siempre parece feliz y agradable; ¡debe ser falso!" Muestra tus celos por su capacidad para conectarse con la gente y deseas que tu vida sea tan satisfactoria como la suya; sin embargo, en lugar de trabajar para mejorarse personalmente, juzga y etiqueta a los demás.

"Se cree tan importante por su coche caro y su casa; ¡qué superficial!". Tus labios lo dicen, mientras tu corazón sabe lo contrario; sin embargo, lo que expresan tus labios puede en realidad significar que todos estos lujos te hacen desear vivir un estilo de vida diferente, en lugar de sentirte arruinado constantemente.

Mire a su alrededor e intente identificar a cualquiera que parezca tener confianza en sí mismo mientras juzga duramente a los demás. Lo más probable es que no haya nadie así porque tus juicios revelan debilidades, inseguridades y puntos débiles que intentas ocultar de la sociedad.

Una de las razones por las que juzgamos tan fácilmente a los demás es porque hacemos lo mismo con nosotros mismos: todos los caminos conducen de regreso a "nosotros".

¿Qué puedes hacer si te encuentras leyendo y juzgando a los demás con demasiada dureza? Si bien detenerse por completo puede parecer idealista, eso simplemente no es posible. Sin embargo, existe una manera efectiva de detenerte antes de convertirte en un monstruo de juicio sin escrúpulos: ¡toma nota cuando leas o juzgues a alguien y detente antes de convertirte en uno!

Mantén la curiosidad. El juicio obstaculiza el pensamiento racional y le impide comprender a las personas o situaciones; Muchas veces estas convicciones provienen de información limitada.

La curiosidad lo mantiene a uno abierto a la posibilidad de que haya algo más en la situación; algo detrás de escena que no estás observando.

Tan pronto como alguien actúe de manera extraña o en contra de tus preferencias, hazte esta simple pregunta: "¿Le pasa algo a esa persona que no puedo ver?". Este enfoque puede parecer obvio, pero le servirá para recordarle que a menudo suceden más cosas de las que parece.

Juzgar a las personas puede ser fácil e incluso satisfactorio; sin embargo, seguir siendo curioso requiere inteligencia emocional, madurez y autocontrol.

Antes de emitir un juicio instantáneo sobre alguien, deténgase y piense antes de hablar o enviar mensajes de texto con palabras desagradables. Las palabras no se retractan, una vez dichas, dejan una impresión impactante que puede durar toda la vida. Ponte en su lugar para que puedas comprender sus intenciones; Transforma los patrones de pensamiento negativos en constructivos para que puedas combatir la negatividad desde dentro y luego elimina su fuente.

Un componente integral del crecimiento y desarrollo personal es tomar conciencia de nuestros propios defectos, cambiar patrones para convertirnos en individuos más positivos y maduros, mientras aceptamos a los demás sin juzgarlos ni criticarlos como parte de este viaje.

Como se analizó en la segunda parte, es importante comprender qué motiva a los demás; pero igualmente esencial para tu felicidad y bienestar es identificar y comprender lo que te impulsa a TI en la vida. Si te mantienes inspirado y motivado, encontrarás energía y empuje que pueden alimentar la felicidad dentro de ti y difundirla entre quienes te rodean, ¡al igual que llenar un pozo vacío no puede brindarte alivio!

La motivación interna puede provenir de múltiples fuentes, incluida la independencia financiera, los beneficios para la salud, la estabilidad o la realización personal. Cada individuo es único en su motivación; de ahí que algunos prosperen más en trabajos orientados a tareas o habilidades, mientras que otros permanecen en trabajos de servicios: estos factores determinan el camino que uno elige.

1. Motivación intrínseca: actividades que disfrutas hacer por sí mismas, como estudiar periodismo criminal porque ver documentales sobre crímenes y leer novelas de misterio te ha inspirado.

2. Motivaciones definidas: actividades que realiza y que lo acercan al logro de sus objetivos; por ejemplo, estudiar periodismo criminal si tu objetivo es trabajar como agente encargado de hacer cumplir la ley.

Los estudios realizados para explorar los efectos de la motivación intrínseca e identificada en la felicidad y el bienestar de los niños mostraron que aquellos niños que estaban intrínsecamente motivados para aprender más estaban psicológicamente en mejor estado, independientemente de sus calificaciones.[15]

Una vez que comprendas qué motivación impulsa qué acciones, el siguiente paso debería ser identificar qué te impulsa a TI. Hacer una autoevaluación y ser honesto acerca de cómo y por qué te has convertido en quien eres ahora puede ayudarte a identificar qué te impulsa a TI y luego idear un plan de acción para llegar a donde te gustaría estar en la vida.

Los expertos aconsejan que, al intentar identificar la motivación, sea útil recordar aquellos momentos en los que te sentiste más vivo y con más ganas de completar algo. Reflexionar sobre aquellas tareas que tuvieron una tasa de participación especialmente alta puede revelar cuáles son sus pasiones.

Recuerde esos casos y considere qué lo llevó a su sensación de logro o entusiasmo, luego explore sus causas entendiendo por qué las cosas sucedieron de esta manera. Responder a esta pregunta puede ayudar a identificar motivadores. Aquí hay algunas preguntas que puede plantearse para identificarlas:

* ¿En quién te imaginas convertirte dentro de dos o tres años?

¿Cómo se comportaría esta persona? Si el dinero y los recursos no fueran un problema para usted, ¿a quién ayudaría con generosidad de espíritu? ¿Dónde le gustaría hacer una declaración impactante con respecto a lo que le interesa o le motiva? * ¿Qué pasatiempos y actividades te hacen feliz?

* ¿Qué cualidades debes desarrollar para convertirte en la mejor versión de ti mismo y crear la vida que imaginas para ti?

Responda las siguientes preguntas para descubrir sus inspiraciones y llevar una vida que refleje sus valores y creencias.

Un paso importante para motivarse es enfrentar el miedo. El miedo nos impide avanzar; obstaculiza el movimiento, nos hace dudar de nosotros mismos a cada paso y nos lleva por un camino innecesario de precaución. Desafortunadamente, a veces nuestros miedos surgen de la imaginación más que de una evaluación precisa de los riesgos; Incluso si la emoción eclipsa el miedo para continuar con su tarea, todavía habrá partes de nosotros que querrán protegernos de las influencias externas y reprimirnos en un esfuerzo por garantizar nuestra seguridad.

Para escapar de esta situación, es necesario afrontar tus miedos de frente y superarlos. El primer paso debe ser reconocerlos hablando en voz alta; Al reconocerlos en voz alta, su poder sobre ti puede disminuir lentamente. Hágase estas preguntas:

* ¿Cuáles son las posibilidades de que suceda lo que temes?

¿Y por qué te preocupa que así sea?

Al enfrentarlos de frente, puedes descubrir qué miedos son reales y cuáles son imaginarios. Sus miedos también indicarán dónde puede haber lagunas que deban llenarse antes de llegar a su destino y es necesario implementar estrategias de gestión de riesgos. Una vez que estos miedos se han abordado directamente, resulta mucho más sencillo evaluar qué es lo que impulsa y detiene el progreso más rápido: conocimiento que le permitirá alcanzar sus objetivos deseados más rápidamente.

La conversación es una forma eficaz y sencilla de establecer conexiones, intercambiar pensamientos y desarrollar el entendimiento mutuo entre las personas. Estas interacciones deben ser agradables y proporcionar información sobre las personalidades y preferencias de los individuos; a través de ellos desarrollamos empatía, nos sentimos comprendidos y nos escuchamos unos a otros, creando experiencias memorables y un crecimiento duradero a lo largo de nuestras vidas.

Sin embargo, para aprovechar estos beneficios de la "conversación", debe llegar a un punto en el que la gente desee conversar con usted; esto significa mantener la atención sin esfuerzo, dominar la sala y brillar en situaciones sociales o profesionales.

¿Son estas habilidades inherentes o pueden desarrollarse mediante formación y práctica específicas?

Aquí está la información privilegiada: usted puede cultivar estas habilidades posicionándose como una persona interesante, culta y conocedora.

Todo ser humano anhela ser interesante; Esa es una verdad indiscutible. ¡Incluso alguien que se sienta incómodo estando en la vanguardia querrá parecer interesante y evitar ser etiquetado como aburrido! Ser interesante genera influencia y oportunidades; Al comprender qué es lo que hace que una persona sea interesante, usted mismo podría convertirse en uno y volverse influyente dentro de su círculo de influencia.

Como puedes hacer eso?

Empiece por ser inclusivo. No intentes ser "cool" despreciando a los demás; eso sólo servirá para socavar aún más tu credibilidad. Apoye a las personas en lugar de menospreciarlas: ¡esto da una mejor impresión!

Si ve a alguien en una fiesta o bar sosteniendo su bebida mientras busca a alguien con quien hablar, no lo ignore; Intente iniciar una conversación para que se sienta visto e incluido. Quizás menciones algo sobre ellos que hayas aprendido durante una de tus conversaciones pasadas; esto les mostrará que usted también escuchó cuando habló con esa persona. Establécete como un buen oyente para que te perciban como alguien intrigante.

Si bien ser el centro de atención es agradable, ser humilde también es fundamental. Los estudios demuestran que las personas disfrutan pasar tiempo con personas que muestran humildad. Dado que este término puede variar considerablemente según el contexto, utilicémoslo como definición: respetar las opiniones y perspectivas de los demás como ser humilde: ¡esto le demostrará a alguien que es importante!

Tenga cuidado de no confundir la humildad con la falta de respeto por uno mismo o de asertividad; Ser humilde no requiere un comportamiento autocrítico que haga que otra persona se sienta especial. Sé humilde reconociendo tus habilidades y lo que pueden o no hacer; incluso algo tan simple como decir: "Aún no sé la respuesta, pero investigaré y me comunicaré contigo" o admitir: "No estoy familiarizado con este tema; ¿puedes contarme más?". puede mostrar humildad.

¡Evita dejarte intimidar demostrando que tienes una mente abierta y de principiante! Otra estrategia eficaz para impulsar las conversaciones es la generosidad genuina, ya que provoca una respuesta psicológica de reciprocidad por parte de los demás. No nos referimos a gestos materialistas como comprar regalos o comida; simplemente tenga conversaciones abiertas, haga cumplidos libremente o pregúntele a alguien cómo se siente sin preguntar, ¡solo por formalidad!

Si eres generoso con tu tiempo y atención, descubrirás que los demás se interesan más en ti. Apreciarán saber que no estás allí sólo para obtener beneficios materiales de su presencia.

Sea generoso diciendo "sí". Si posee conocimientos o conocimientos específicos sobre un área que preocupa a los demás, utilícelos libremente sin considerar lo que obtendrá a cambio.

Ser interesante y útil le permitirá ganarse el favor de los demás y establecer relaciones para toda la vida. Si sigue las prácticas de conversación mencionadas aquí, será fácil convertirse en el tema de conversación.

¿Ha experimentado pausas prolongadas y miradas incómodas que han hecho que la conversación sea incómoda?

Todos en algún momento experimentaremos pausas largas y miradas incómodas durante las conversaciones que nos incomodan, ahí es cuando nos damos cuenta de la importancia de mantener el diálogo; también conocido como mantener a la gente involucrada en sus discusiones.

Así es como puede hacerlo: encuentre un interés común. Las personas varían mucho en cuanto a intereses y prioridades; Encontrar algo en común ayuda a construir puentes entre ustedes. Una vez que encuentres algo similar entre dos personas, anota todo lo que te parezca interesante (como tema de conversación). Repase esa lista varias veces para que se quede grabada en su memoria fácilmente cuando surjan puntos de conversación en esa área, ¡luego consúltela cuando sea necesario! Además, escriba temas de conversación sobre temas relevantes para ambos para que la discusión nunca termine.

Entre los temas interesantes se encuentran el fútbol, el último gadget introducido en el mercado, ver una película o leer un libro que te haya gustado o escuchar comentarios de Donald Trump que te hayan hecho reír a carcajadas.

No dude en plantear preguntas abiertas cuando se quede sin palabras: una consulta abierta requiere más que una respuesta de "sí o no" y seguramente generará una conversación entre las partes involucradas.

Los temas de ejemplo podrían incluir: Un concierto: mis pensamientos
¿Qué escena de película disfrutaste más y salir solo o en grupo?

Estas preguntas alientan a las personas a abrirse más sobre sí mismas. Al eliminar los silencios incómodos entre conversaciones, este tipo de preguntas hacen que el diálogo fluya con mayor facilidad entre usted y otra persona.

Al hacer este tipo de preguntas, le estás mostrando a alguien que te importan sus opiniones y emociones; esto construye relaciones al mantener el diálogo entre tú y esa persona. ¡Apreciarán este esfuerzo que usted hizo para mantenerlo!

Establecer vínculos emocionales

Las conversaciones no deben verse simplemente como palabras: sirven para construir conexiones emocionales entre las personas. Si bien puedes mantener un diálogo completo sin compartir información significativa, hacerlo ayuda a establecer vínculos significativos y brinda una visión interna de la personalidad de la otra persona.

¡Decir bruscamente! Cuando nada más funcione, ¡no dudes en hablar! La conversación a menudo puede volverse desafiante porque tememos que nuestras palabras puedan resultar aburridas para los demás; por lo tanto, nuestros pensamientos y palabras permanecen ocultos hasta que nuestros miedos a ser juzgados se manifiestan en palabras o acciones. ¡Pero muchas veces este miedo proviene nada más que de la imaginación!

La próxima vez que te encuentres en un encuentro así, expresa lo que piensas libremente (siempre que no contenga material racista o sexualmente ofensivo). ¡Te sorprenderá descubrir que las personas no son tan estrechas de miras como imaginabas!

Sus esfuerzos por continuar una conversación sólo tendrán éxito si ambos participantes están interesados en ella y dispuestos a participar plenamente. Si muestran signos de desinterés o se niegan a contribuir en absoluto, tómelo como un indicador de que debería terminar de inmediato.

No importan sus intereses ni sus mctas Es innegable que las relaciones personales son clave para el éxito personal y profesional, independientemente de los intereses, las metas personales o la profesión. Sin embargo, es posible que hayas notado que algunas personas parecen capaces de conectarse fácilmente con todos los que conocen, mientras que a otras les cuesta incluso tener conversaciones saludables y mucho menos desarrollar relaciones significativas con ellos.

Así es como puedes acercarte y llamar la atención de chicas hermosas en un bar, del jefe de departamento en un evento anual o de tu vecino de al lado firmando una petición para hacer que el vecindario sea seguro.

Entonces, ¿cómo puedes desarrollar esta habilidad?

En primer lugar, recuerde que las personas responden mejor a personas genuinas. Hacer y mantener conexiones comienza con intenciones genuinas; cualquier intento de interacciones superficiales durará un tiempo. Hablar con personas sólo para obtener promociones o boletos gratis no será suficiente; si realmente te preocupas por las personas, con el tiempo pueden convertirse en verdaderos amigos.

Segundo, demuestre su disposición a brindarle tiempo y atención a alguien con quien está tratando de conectarse. A veces, debido a recursos limitados, es posible que no podamos colmar a las personas con regalos o muestras materialistas de afecto; Darle a alguien tiempo genuino para aprender sobre sus preferencias y gustos es un gesto igualmente impactante para demostrar que importa.

Si tiene dificultades para aprender más sobre ellos a través de una investigación independiente, conectarse con personas que conocen podría ser de gran ayuda. Las personas tienden a imitar nuestros hábitos y pasatiempos, por lo que al conocer más íntimamente a las personas que les agradan, también podrás obtener algunas ideas sobre ellas.

Hacer conexiones también puede ser muy valioso en entornos profesionales; muchos puestos vacantes se cubren mediante referencias y establecimiento de contactos; así, al crear relaciones, te abres a infinitas oportunidades.

Cuando alguien lo recomienda para un trabajo, su recomendación puede dar fe de su credibilidad, lo que facilita la obtención de ese trabajo. No subestimes la construcción de relaciones con colegas simplemente porque pasan poco tiempo juntos; ¡Más personas en tu círculo social significan más oportunidades en la vida!

Una vez que haya establecido una conexión, el siguiente paso debería ser fomentarla y mantenerla fuerte. Desafortunadamente, una vez que alguien se pierde de vista, a menudo desaparece de la memoria de la gente; Para asegurarse de que sea inolvidable, la forma más fácil es con pequeños gestos como enviar tarjetas de Navidad, mensajes de cumpleaños a través de mensajes de texto o su libro favorito con una nota personal. ¡Te sorprenderá lo complacidas que estarán las personas con estos recordatorios que demuestran que son importantes! Todos anhelamos ser recordados; ¡Muéstrale a alguien que importa mostrándole que tu relación lo valora! ¡Podrías crear conexiones para toda la vida!

Todo lo que se necesita para conquistar a las personas es demostrar que las comprende y las valora; entonces ganarás su lealtad.

La era digital nos ha hecho más fácil que nunca automatizar tareas y usar máquinas para administrar nuestra carga de trabajo; sin embargo, cuanta más tecnología confiamos, más lejos estamos de experimentar las emociones involucradas en completar una tarea o superar las dificultades para completar nuestro trabajo. es sentido.

Aquí entra en juego la inteligencia emocional; se refiere a su capacidad para reconocer tanto sus propias emociones como las de quienes lo rodean, incluido cómo éstas afectan a los demás y afectan sus pensamientos y comportamiento. Al comprender más profundamente los sentimientos humanos, a las personas emocionalmente inteligentes les resulta más fácil conectarse con otras personas y, al mismo tiempo, ser más compasivas y comprensivas con quienes encuentran; esta cualidad contribuye en gran medida a su éxito profesional y personal.

Las personas a menudo se confunden entre inteligencia emocional y cociente intelectual (CI), dado que ambos representan formas diferentes de inteligencia. La principal distinción radica en cómo se mide y representa cada uno.

El coeficiente intelectual mide la inteligencia mental mediante pruebas estandarizadas y está directamente relacionado con las capacidades mentales; por ejemplo, ser capaz de comprender información y aplicarla para resolver problemas. Las personas con un coeficiente intelectual más alto son expertas en establecer conexiones mentales rápidas y atender ideas abstractas rápidamente. La inteligencia emocional se refiere a cómo uno usa las emociones para darle sentido a las situaciones; aquellos en el extremo superior de esta escala tienden a ser personas emocionalmente estables capaces de manejar bien sus sentimientos mientras tratan con eficacia a quienes atraviesan fases difíciles.

Otra diferencia entre estas dos formas de inteligencia es que el coeficiente intelectual es algo que se hereda al nacer, mientras que la inteligencia emocional se desarrolla a partir de experiencias durante la crianza y el entorno. Puedes trabajar para volverte emocionalmente inteligente cuando seas adulto cultivando fuertes habilidades interpersonales.

Así es como puedes lograrlo:

* Sea consciente de sus reacciones. No juzgues precipitadamente antes de comprender completamente todos los aspectos de una situación; en lugar de eso, intenta ver las cosas desde el punto de vista de los demás y mantén la mente abierta sin sucumbir a estereotipos o prejuicios. Al aceptar los puntos de vista de los demás y aceptar sus opiniones, construyes su confianza.

* Evalúate a ti mismo. ¿Eres consciente de tus debilidades? ¿Puedes aceptar que es necesario trabajar en algunas áreas de ti mismo para convertirte en una mejor persona? Mírate honestamente y reflexivamente y sé lo suficientemente valiente como para cambiar aquellas partes que impiden el crecimiento: ¡podría transformar tu vida! * ¡Mírate a ti mismo de manera honesta y reflexiva! ¡Ser honesto puede cambiar tu vida!

*Evaluar cómo respondes en situaciones estresantes. ¿Cómo afrontas las decepciones cuando las cosas no salen como se esperaba, por ejemplo cuando las cosas no salen bien? ¿Arremetes o culpas a los demás? Ser capaz de gestionar las decepciones con calma es extremadamente valioso tanto en el ámbito profesional como en el personal: evita que los arrebatos emocionales conduzcan a decisiones apresuradas o acciones de las que podrías arrepentirte más adelante.

* No busques la validación de tus logros. La humildad puede ser un activo invaluable en la caja de herramientas emocionales; practicarlo demuestra a los demás que reconoces tus propias fortalezas y logros sin necesidad de alardear de ellos ante los demás. En lugar de ello, ¡concéntrate en los logros de los demás como una forma de inspirarte! Es posible que notes que sus logros se te contagian.

* Asume la responsabilidad de tus acciones. Si ofendes a otra persona, discúlpate o intenta resolver la situación inmediatamente si es necesario. No ignore sus sentimientos ni los engañe haciéndoles creer que no deberían haber sido lastimados de ninguna manera; al mostrar un esfuerzo por rectificar las cosas honestamente y hacer las paces, le demuestra a esa persona que usted la valora y que se hará todo lo posible para mantener las relaciones entre ambos.

* Sea consciente de los efectos de sus acciones. Antes de emprender cualquier curso de acción, tenga siempre en cuenta cómo afectará a quienes están involucrados en la situación y sus reacciones ante lo que se propone hacer. ¿Les perjudicaría o les agravaría aún más la situación? Si este es el caso, evite seguir adelante por completo; pero si eso no se puede evitar por algún motivo, asegúrese de discutir esta decisión con ellos primero y trate de encontrar formas de minimizar sus consecuencias adversas.

La inteligencia emocional es clave para leer y comprender a las personas. Le permite formar vínculos fuertes con las personas, lo que en última instancia conduce al éxito en todos los aspectos de su vida.

Cuando tu pareja llega a casa después de un duro día de trabajo, ¿piensa: "¡Por fin! ¡Ahora puedo relajarme!". o piensan más bien: "¡Aquí viene otra vez!" Si desea tener un matrimonio o una relación exitosa, lo ideal sería que ellos pensaran en la primera frase: aunque regresar a un hogar inmaculado puede ser agradable, lo más importante es que se sientan a gusto en un ambiente en el que disfruten y Siéntete bienvenido y acogido por ti tanto como por el factor de limpieza en sí.

¿Qué debes hacer cuando has tenido un día difícil? ¿Sonreír y tratar de ser amable como con extraños en una reunión, o arrojarles todos sus restos emocionales? Es extraño cómo las personas más cercanas a nosotros suelen ver nuestro peor lado. Se podría argumentar que sin ser "reales" unos con otros en nuestros hogares y relaciones, ¿a quién más nos abriríamos? ¿Pero también puedes soportar todo el enfado y el alboroto frecuente de ellos?

Por lo tanto, es esencial que no crees un entorno en el que no puedas vivir. Claro, todo el mundo tiene momentos en los que la ansiedad, la ira o el estrés toman el control. Sin embargo, haga un esfuerzo por limitar estos incidentes para que su pareja no regrese a casa con negatividad. Si le resulta difícil manejar estas emociones solo, hable con amigos o terapeutas para obtener apoyo; Sólo cuando su salud mental sea estable podrá crear una atmósfera óptima para ambos.

Atraer a tu pareja requiere mantener la tecnología fuera de la ecuación al hablar con ella; preste toda su atención sin tener que desplazarse por su cuenta de Twitter simultáneamente; escuche cómo fue su día e informe lo que hizo durante el mismo; si su casa es lo suficientemente grande, mantenga las computadoras portátiles o de escritorio fuera de la vista para reducir la tentación de registrarse con demasiada frecuencia; ordenar permitirá reconexiones frecuentes en lugar de solo una cita nocturna cada semana.

Además, las influencias externas pueden ayudar a crear una atmósfera ideal. Por ejemplo, asegúrese de que tanto usted como su casa huelan bien cuando llegue su pareja; esto los refrescará mentalmente al instante y los hará sentir más cercanos. Encienda velas aromáticas y ponga música ligera para crear un ambiente romántico y acogedor; ¡Seguro que tu acompañante querrá quedarse contigo más tiempo!

Su hogar debe ser un oasis de comodidad y paz; si puede ayudar a construir uno junto con su pareja, será de gran ayuda para tener una relación exitosa.

Reconocer sus zonas de confort y acomodarlas

¿Tu relación implica pantalones deportivos, pedos en la cama y tu pareja gritando "¡Cariño, ese grano puede cubrir toda tu cara!"? Si esto describe la dinámica entre usted y su pareja, entonces ha establecido con éxito una conexión agradable construida para durar.

En algún momento de su relación, puede encontrarse con situaciones en las que una actividad o situación social en la que quería participar estaba más allá de la zona de confort de su pareja. Para mantener la paz en la relación y evitar desacuerdos, es esencial que ambos comprendan dónde terminan sus niveles de comodidad y hasta qué punto se puede presionarlos para que los abandonen.

Si usted es extrovertido y su pareja es introvertida, es posible que no les guste asistir a tantas fiestas y actividades al aire libre como a usted. Por lo tanto, encontrar un compromiso aceptable en el que ninguno de los dos se sienta obligado a permanecer demasiado tiempo en casa; y donde ninguno se sienta sobreexpuesto debido a las constantes interacciones sociales es clave para encontrar la felicidad juntos.

Para adaptarse a sus preferencias, comience por comprender sus estados de ánimo, como cuándo tienen ganas de salir y cuándo quieren pasar más tiempo en casa con Netflix y libros. Intenta también no salir días consecutivos y deja que sus reservas de energía se recarguen antes de volver a salir. ¡Estos pequeños ajustes en su actitud les mostrarán que usted se preocupa por sus preferencias y al mismo tiempo los alentarán a ir más allá de sus zonas de confort para adaptarse a usted también!

Los estudios han demostrado que cuando las parejas se sienten cómodas en sus relaciones de compañía, las probabilidades de que duren más aumentan significativamente. Por el contrario, alcanzar un nivel de comodidad significa menos emoción o nuevas experiencias para explorar y corre el riesgo de volverse obsoleto con el tiempo. Entonces, ¿cómo puedes equilibrar los niveles de comodidad de ambos socios y al mismo tiempo mantener vivo el romance?

Intente sorprenderse mutuamente de vez en cuando, no con algo tan importante como comprar un auto nuevo sin consultar primero a su pareja; en cambio, concéntrese en gestos más pequeños y significativos, como ofrecerle su comida favorita al regresar del trabajo, usar su lencería más sexy en la cama o planear citas sorpresa para demostrarle a tu amor lo considerado que eres. Estas pequeñas sorpresas añadirán el elemento sorpresa sin salirse demasiado de su zona de confort.

Las parejas que se sienten demasiado cómodas pueden caer fácilmente en la zona de no hablar, esperando que su pareja pueda leerlos sin que ellos tengan que decir nada. ¡Pero la realidad a menudo puede demostrar lo contrario!

Comprenderse a sí mismo puede resultar fácil para los demás basándose en patrones y comportamientos predecibles, pero a veces simplemente no pueden cumplir con sus expectativas. Cuando esto ocurre, la comunicación y la expresión de sus sentimientos se vuelven primordiales; no reprimas los sentimientos cuando surjan; ¡exprésalo abiertamente! Si algo te ha herido profunda o emocionalmente, si necesita a alguien con quien sentarse o tomarle la mano, ¡házselo saber! Una conversación de corazón a corazón es siempre la forma más eficaz de conectar con las personas más cercanas a nosotros.

Si expresar sus emociones no es algo que su pareja se sienta cómoda haciendo, acomodelo aprendiendo sus señales no verbales y no presione demasiado para que se exprese. Con el tiempo, notarás que te agradecen que les permitas permanecer dentro de su zona de confort.

La zona de confort de tu pareja es el espacio donde te permite verlo tal como es, tanto sus fortalezas como sus defectos. Si aprende a permanecer con ellos en esta zona, descubrirá más fácilmente su personalidad y aprenderá a interpretarla fácilmente.

Ser vulnerable

Hemos hablado extensamente sobre la vulnerabilidad a lo largo de este libro y vale la pena repetir que la exposición emocional te proporciona fuerza para abrirte a las experiencias y al amor. Muchos tienen miedo de mostrar su vulnerabilidad porque piensan que eso los hace parecer débiles; ¡esto simplemente no es cierto! Este es el por qué.

Al compartir tu verdadero yo con las personas más cercanas a ti, demuestras tu valentía al ser visto tal como realmente eres y ser visto tal como realmente eres, creando un sentido de pertenencia, amor y autenticidad en las relaciones más importantes.

Dar un paso adelante con valentía para ser vulnerable tiene muchas ventajas emocionales. Colocándote en situaciones que te hacen vulnerable, como colocarte en situaciones que ponen a prueba tu temple y cuán capaz eres de manejar escenarios desafiantes, desarrollando confianza en ti mismo y fortaleciendo la resiliencia contra los obstáculos en el camino.

Mostrar vulnerabilidad ante amigos, parejas y padres puede fomentar la empatía. Hacerlo les permite ser testigos de tus puntos débiles que tiendes a mantener ocultos a los demás, diciéndoles que ellos importan más que los demás al abrirles este lado.

Más allá de mejorar las relaciones con los demás, la empatía también fortalece la conexión contigo mismo. Al aceptar aspectos indeseables o débiles de uno mismo y aceptarlos como parte de quién es, la empatía aumenta la autoaceptación y, por lo tanto, contribuye al bienestar general.

A continuación se presentan algunas sugerencias que le ayudarán a volverse vulnerable: * Esté abierto a correr riesgos que puedan resultar en rechazo. Comunique honestamente lo que quiere de las relaciones (específicamente sus expectativas y límites) junto con temas personales que normalmente no discute con nadie más, como asuntos personales que surgen en una conversación y discutir errores pasados cometidos en las relaciones.

* Discuta incidentes que evoquen sentimientos de miedo, vergüenza o pena.

Hasta ahora hemos explorado sólo algunas formas en las que aceptar la vulnerabilidad ayuda a crecer; abre puertas al cambio y al mismo tiempo genera flexibilidad.

El cambio puede resultar desalentador para muchos porque implica abandonar su zona de confort y aventurarse en territorio desconocido. Por lo tanto, este proceso requiere un trabajo extenso; el primer paso es aprender a ser vulnerable. Imagine que está tratando de romper con un mal hábito indefinible, como comer en exceso, que ha impactado negativamente su salud, su apariencia y su presupuesto. Sin embargo, para hacerlo con éxito, primero debe identificar su causa raíz; ¿Qué te impulsa a comer en primer lugar? ¿Comes para escapar de las emociones, el estrés o la ansiedad, o por aburrimiento? Para superar tu adicción a la comida, debes mirarte honestamente a ti mismo: reconocer que tus hábitos oscuros no cambiarán de la noche a la mañana, al igual que tus sentimientos no pueden cambiar.

El cambio requiere un autoanálisis honesto y sin desviaciones, ¡y la vulnerabilidad es la puerta de entrada a todo ello!

La vulnerabilidad puede abrir tu mente a nuevas perspectivas. La clave para dar la bienvenida a diversos puntos de vista e ideas radica en aceptar que sus experiencias no lo consumen todo en la vida; renunciar temporalmente a creencias y valores por otros puntos de vista puede ser un desafío; sin embargo, la vulnerabilidad te ayuda a ver que hay más más allá de ti mismo, a medida que reconoces que hay personas que viven fuera de tus deseos y necesidades, además de aceptar todas las perspectivas por igual para formar conexiones significativas con las personas que viven allí.

Hay un viejo dicho: todo lo que pones en el mundo vuelve a ti de una forma u otra. Esto se aplica igualmente bien cuando se trata de relaciones o conexiones: lo que traigas se reflejará en ti de la misma manera; por ejemplo, el amor, la empatía, la tolerancia y la paciencia darán sus frutos en forma de conexiones fuertes y significativas, y viceversa.

Ahora que comprendes cómo trabajan las personas, ¡es hora de poner todo ese conocimiento en práctica! En esta sección, daremos buen uso a todo su aprendizaje: descifrar incluso los secretos mejor guardados puede ser complicado; Aquí, exploraremos lo que delata a las personas, detectando mentiras rápidamente y rompiendo cualquier barrera que las personas a menudo se imponen a sí mismas.

La gente que lee se trata de prestar atención a los pequeños detalles y observaciones que a menudo pasan desapercibidas. Como lector experimentado, no puede permitir que ni siquiera las pequeñas diferencias, como mover la nariz o mover las uñas, pasen desapercibidas; por lo tanto, esta sección tiene como objetivo enseñarle cómo identificar estos microdetalles que ayudan a realizar evaluaciones precisas.

¿Alguna vez has observado cómo luce alguien cuando miente? Desafortunadamente, no existe una respuesta única, ya que cada individuo muestra diferentes indicadores de mentira. El lenguaje corporal, las expresiones faciales, la elección de palabras y los hábitos pueden revelar si alguien está mintiendo. Señales verbales y no verbales como estas pueden ayudar a identificar mentiras y verdades, ¡aunque es posible que no reconozcas el término base en sí!

Hacer una referencia a las personas le brinda el poder de evaluar a las personas según su veracidad. Proporcionando una medida objetiva con la que comparar y juzgar si su comportamiento está fuera de lugar o simplemente es indicativo de que actúan con normalidad.

Entonces, ¿cómo se pueden identificar comportamientos básicos? ¡Aquí hay tres sencillos pasos que lo ayudarán a lograr precisamente eso!

Paso 1: comienza con el apretón de manos.

Como dicen, las primeras impresiones duran y solo tienes una oportunidad de hacer esa declaración inicial impactante sobre alguien. También considere este el momento ideal para evaluar las acciones de una persona, ya que la mayoría son más positivas durante una reunión inicial.

Los vendedores y entrevistadores son expertos en utilizar esta habilidad y, a menudo, crean una primera impresión favorable con los clientes o posibles empleados después de un solo apretón de manos. ¿Su secreto? Prestar mucha atención a la mirada, la calidad vocal y la postura al saludar a los recién llegados con un apretón de manos de presentación.

No importa si se trata de una situación social o profesional, controlar las señales sociales de las personas y tomar notas mentales le permitirá evaluarlas más rápidamente. Aunque esto pueda parecer intrusivo a veces, sepa que todos estos datos llegan inconscientemente a nuestra mente de todos modos; Al hacer un esfuerzo consciente por recordar su presencia, podemos establecer rápidamente conexiones en términos de comportamiento.

Al estrechar la mano de alguien, preste atención a cómo entabla una pequeña charla, cuenta chistes y responde a preguntas personales en un entorno natural. Esta información puede ayudar a establecer una línea de base.

Paso 2: Estimule diferentes reacciones planteando preguntas.

La clave para crear una línea de base precisa es recopilar las reacciones normales de un individuo en diferentes situaciones (cómo reacciona cuando está feliz, triste o aburrido son solo ejemplos), aunque esto puede ser difícil en entornos cotidianos como los funerales, aunque a veces se hacen preguntas específicas para evaluar las reacciones. podría proporcionar información más detallada sobre ellos.

¿David o Jane muestran signos de malestar cuando les dices "no"? ¿Kevin levanta las cejas cuando habla con Taylor?

Sus reacciones en circunstancias no amenazantes proporcionarán la base de cómo reaccionará esta persona en escenarios más peligrosos.

El movimiento ocular se puede utilizar como indicador de una desviación del comportamiento normal. Según investigadores de todo el mundo, quienes participan en actividades deshonestas suelen mantener contacto visual cuando hablan, aunque su patrón difiere de las condiciones normales: por ejemplo, pueden mirar hacia abajo o mirar hacia otro lado mientras hablan; o exhibir un contacto visual constante al principio, pero luego cambiar después de que las preguntas desencadenantes o los factores estresantes hagan que cambie repentinamente; De manera similar, parpadear más lento o más rápido de lo habitual también puede indicar que está sucediendo algo sospechoso.

Otros aspectos a tener en cuenta al realizar líneas de base incluyen posturas sentadas y de pie, velocidad y tono vocal, estilo de risa, tics nerviosos, gestos con las manos y expresiones de emoción y sorpresa. Lo que muchos no se dan cuenta es que su rostro a menudo traiciona emociones verdaderas con microexpresiones como breves sonrisas o levantamiento de cejas que ocurren solo durante milisegundos pero que revelan exactamente cómo se siente realmente una persona, a diferencia del lenguaje corporal que puede controlarse en parte a través de la conciencia. de ello.

Los profesionales coinciden en que las emociones exhibidas durante los gestos faciales no siempre indican culpa; a veces simplemente no quieren expresar lo que piensan. Cuando alguien presente estos síntomas, investigue más a fondo haciéndole preguntas específicas sobre por qué se siente así.

Paso 3: Mantenga un registro mental del comportamiento inicial.

La clave final para resolver este rompecabezas radica en recordar todo lo que observas mentalmente. Archiva su comportamiento junto con cualquier información adicional como cónyuge, profesión o dirección de su ciudad natal si es necesario, ¡especialmente si tu memoria es débil! Proporcionar este detalle adicional puede ayudar a conectar puntos más rápidamente y recordar otros detalles más fácilmente; simplemente no escribas todo, ¡deja que tu cerebro lo recuerde!

¿Alguna vez ha asistido a una fiesta en la que, mientras contaba una interesante historia del trabajo a un grupo de personas, lo único que se escuchó como respuesta fue: "¡Oh, sí! Genial. ¿Están sirviendo camarones?" ¿Y tu energía se disipó rápidamente al terminar rápidamente tu historia para concluir, sin sentirte satisfecho de cómo habían resultado las cosas?

Lo que sucedió fue que alguien solo escuchó a medias y formuló una pregunta irrelevante que acabó con el diálogo y el estado de ánimo. Para mantener una conversación fluida, preste atención y plantee preguntas relevantes; esto hará que hablen más libremente y, en última instancia, le permitirá obtener una visión más profunda de ellos, lo que le ayudará a leerlos mejor. ¡Es como el efecto dominó!

La invitación es una de las herramientas fundamentales de la comunicación; informa a los presentes que es su turno de hablar y ofrece sugerencias sobre temas que podrían explorar.

Ejemplo: Preguntar: "¿Cómo estuvo el último libro que leíste?" abre una invitación a conversar sobre ese tema específico que abordaste en tu pregunta.

Estas invitaciones sirven como una red de seguridad esencial cuando la conversación se desvía. Si tiene dificultades para encontrar temas de conversación, intente incluir una invitación, ¡especialmente si se relaciona con algo que haya discutido anteriormente! De lo contrario, no hará ningún daño iniciar temas completamente nuevos.

Las invitaciones pueden adoptar la forma de preguntas o declaraciones. Cuando utilice invitaciones basadas en preguntas, asegúrese de mantener el lenguaje abierto y identificable para obtener la máxima respuesta.

Estas preguntas abiertas permiten que la persona frente a usted dé más detalles en lugar de dar respuestas breves. Por ejemplo, preguntar: "¿Tuviste un buen viaje?". probablemente resultará en respuestas de sí o no. Por el contrario, preguntar "¿Cómo estuvo tu viaje?" es posible que reciba respuestas más detalladas que le demuestren a la otra persona que usted se preocupa y la motiven a compartir más detalles de su viaje con usted.

Al interesarte por conocer a otro, demuestras lo tuyo. Esto crea un vínculo fortalecedor entre usted y esa persona y le permite abrirse más.

De manera similar a hacer preguntas perspicaces, hacerles preguntas perspicaces muestra su interés. Siguiendo la regla clásica "muestra, no digas", al hacer preguntas perspicaces demuestras a la gente que te importas, ¡aunque ten cuidado con ser entrometido!

Luego viene nuestra tarea de hacer preguntas buenas y esclarecedoras.

Hacer esto último no te dará mucha idea de su verdadero yo, ya que ni siquiera ellos entenderán por qué estás interesado. ¡Podrían asumir que a usted le importa más el clima que a ellos! Del mismo modo, al hacerles preguntas íntimas como "¿Cuál es tu deseo más oscuro y profundo?", podrías hacerlos sentir incómodos y querer escapar de ti lo más rápido posible.

Empiece de forma pequeña e intuitiva. A medida que avancen sus preguntas, formule gradualmente preguntas más íntimas teniendo en cuenta el nivel de comodidad de la otra persona. Si en algún momento parece molesto por sus preguntas o muestra signos de malestar, deténgase. En su lugar, vuelva a hacer preguntas menos intrusivas hasta que se le dé permiso para continuar investigando más profundamente.

Sin embargo, antes de profundizar demasiado en la personalidad de alguien, se deben tener en cuenta dos consideraciones importantes.

En primer lugar, la transición de una relación formal a íntima no ocurre de la noche a la mañana; más bien es un proceso gradual que requiere varias conversaciones a lo largo del tiempo. Al principio, las conversaciones pueden girar en torno a temas superficiales como la familia y los pasatiempos; con el tiempo, estos podrían ampliarse a discusiones personales, como relaciones pasadas o traumas infantiles.

Recuerde que cada conversación ofrece la oportunidad de establecer una buena relación y obtener más información sobre una persona. Con el tiempo, es posible que se sientan más cómodos compartiendo datos personales sobre ellos mismos.

En segundo lugar, establezca confianza. Si le pide a alguien que le cuente detalles íntimos de su vida, prepárese para hacer lo mismo a cambio. Compartir detalles sobre usted abrirá un canal de confianza entre ustedes dos que puede generar confianza en cualquier relación.

Las preguntas de invitación son excelentes para iniciar el diálogo, pero no harán el trabajo por sí solas. Utilice consultas de seguimiento para ampliar el diálogo.

En pocas palabras, hacerle a alguien preguntas como: "¿Cómo te sientes al respecto?" o "¿Por qué dijiste eso?" muestra curiosidad genuina por su historia o mensaje y les proporciona la validación de que alguien valora sus pensamientos. Esto también le brinda la oportunidad de demostrar valor al escuchar atentamente durante conversaciones que de otro modo podrían parecerle demasiado incómodas o aburridas.

La próxima vez que alguien hable en términos vagos, en lugar de simplemente asentir y avanzar rápidamente, pregúntale: "¿Qué quisiste decir con eso?". Para ampliar y hacer conversaciones más significativas, aquí hay algunas ideas adicionales:

* ¿Qué estás haciendo estos días, tu hermana/hermano/cónyuge? * ¿Cómo fue tu día y cuál fue la parte más emocionante? * ¿Por qué hiciste un comentario tan reflexivo? * ¿Podrías dar más detalles y ayudarme a entenderlo mejor?

* ¿Cree que sus pensamientos cambiarían sobre este tema y eventualmente cambiarían de opinión al respecto?

Antes de responder cada pregunta, dé tiempo y espacio a la otra persona para responder, sin interrumpirla durante su respuesta. ¡Escuchar es clave para conocer mejor a alguien!

Einstein aconsejó: "Cuestionalo todo". Hacer preguntas perspicaces a aquellos con quienes interactuamos ayuda a crear interacciones eficientes, construir relaciones de confianza y formar vínculos significativos.

¿Cuántas veces has pensado: "Ya he tenido suficiente. ¡Siempre mienten!"? Ya sea después de una relación fallida o de una promesa de ascenso laboral descarriada, mentir siempre es decepcionante y puede hacernos cuestionar nuestro juicio y confiar cada vez menos en personas en las que antes confiábamos. ¿Y si hay una salida? Este capítulo le proporcionará herramientas para convertirse en su propio detector de mentiras humano, de modo que pueda reconocer rápidamente cualquier señal sospechosa y aprender a confiar sólo en personas confiables.

A decir verdad, la mayoría de la gente miente ocasionalmente. A veces pueden ser simplemente pequeñas mentiras piadosas como "¡No, cariño, ese vestido no te hace ver gorda!" pero en otros casos las mentiras pueden ser más obvias como, "Mi madre estaba enferma y por eso llegué tarde hoy", o completamente engañosas como, "No estoy teniendo una aventura; pasé otra noche entera en el trabajo".

Sin embargo, la mayoría de las personas no saben reconocer las mentiras, lo que las lleva a ser engañadas. Un estudio realizado para examinar esta área mostró que sólo el 54% de los participantes pudo detectar falsedades correctamente.[16]

Las diferencias de comportamiento entre los individuos que mienten y los que dicen la verdad pueden ser difíciles de evaluar, ya que no existen signos reveladores distintos que permitan identificar a cualquiera de los grupos; sin embargo, indicadores sutiles pueden ayudar a distinguir uno del otro. Como se mencionó anteriormente en otro capítulo, las variaciones del comportamiento inicial son otro indicador de mentira.

Sin embargo, es esencial reconocer que la detección de mentiras depende en gran medida de confiar en tu instinto. Si sabe qué señales debe buscar y aprende a interpretarlas con su conocimiento e instinto, la detección de mentiras le resultará mucho más sencilla.

Psicólogos e investigadores de múltiples industrias han realizado extensos estudios sobre el engaño y el lenguaje corporal para ayudar a los agentes del orden a detectar estafadores y mentirosos con mayor rapidez y precisión. El resultado de esta investigación ha resaltado varias posibles señales de alerta que podrían indicar cualquier engaño:

* Ser deliberadamente vago al ofrecer voluntariamente detalles mínimos; No poder proporcionar detalles sobre ningún evento o incidente.

Repetir frases o preguntas al responder consultas específicas; Hablar en fragmentos de oraciones.

* Exhibir comportamientos de aseo personal, como presionar los labios con los dedos o manipular mechones de cabello.

Como ocurre con todo lo demás, la práctica también hace la perfección en la detección de mentiras. Leer investigaciones y aprender información solo puede llevarte hasta cierto punto; Para dominar verdaderamente la detección de mentiras es necesario prestar mucha atención y estar 100% consciente.

Por ello, ahora nos centraremos en los indicadores o señales a los que debes prestar atención cuando intentas detectar a un impostor.

En primer lugar, tenga en cuenta las señales a las que debe prestar atención. Si bien las personas dependen de señales válidas para detectar mentiras, su confiabilidad como indicadores de mentiras podría ser limitada. Algunas señales de engaño comunes que la gente observa incluyen:

* Exhibir indiferencia: cuando alguien intenta permanecer emocionalmente neutral suprimiendo la expresión y sin mostrar señales, puede mostrar falta de expresión, asumir una postura impasible o encogerse de hombros como forma de no divulgar demasiada información.

* Incoherencia vocal: si un hablante parece inseguro de sí mismo y comienza a murmurar o tartamudear mientras habla, esto podría deberse a que su cerebro no puede pensar lo suficientemente rápido como para ocultar sus mentiras.

* Pensar demasiado: cuando alguien parece decidido a distorsionar la verdad, el resultado a menudo puede ser pensar demasiado. Con un conocimiento adecuado de las señales a las que prestar atención y la capacidad de utilizar el juicio de forma eficaz en cualquier situación determinada, la comprensión puede volverse mucho más sencilla.

En segundo lugar, no confíe únicamente en el lenguaje corporal. La mayoría de los libros y blogs sobre detección de mentiras recomiendan centrarse únicamente en el lenguaje corporal (los cambios sutiles en el comportamiento y las señales físicas que revelan quién está siendo deshonesto) para atrapar a los engañadores. Sin embargo, las investigaciones ahora indican que las señales del lenguaje corporal pueden ayudar a detectar mentiras, pero no siempre son indicadores confiables de engaño.

Howard Ehrlichman, psicólogo investigador, descubrió que los cambios en los movimientos oculares no siempre indicaban mentira; podrían ser causados simplemente por recuperar información de la memoria a largo plazo o por pensar demasiado.[17]

A partir de estos y otros estudios, se puede concluir que el lenguaje corporal, aunque suele ser preciso, no siempre es el mejor indicador de mentira. Conocer a alguien y sus patrones de comportamiento proporciona una ventaja para distinguir la mentira de los patrones de comportamiento básicos.

En tercer lugar, pídales que narren su historia, ¡al revés! La teoría detrás de este ejercicio es que las señales verbales y no verbales que distinguen la verdad de las mentiras se vuelven más prominentes cuando aumenta la carga cognitiva; esto se debe a que mentir es un proceso agotador en comparación con decir la verdad; de ahí que la gente diga "si dices la verdad, No es necesario recordar todos sus detalles".

Las mentiras deliberadas son actividades cognitivamente más desafiantes; quienes los practican requieren una gran cantidad de recursos mentales para tratar de ocultar cualquier indicio que pueda revelar sus mentiras, monitoreando tanto su propio comportamiento como el de los oyentes. Establecer credibilidad y convencer a otros de su historia requiere esfuerzo, pero cuando se combina con la exigencia de narrarla al revés, puede comenzar a detectar grietas en su narrativa o discrepancias de comportamiento. La investigación ha fundamentado esta teoría. Si una historia parece escasa en detalles o está completamente inventada, ¡recuerde qué detalles se repitieron la primera vez! Hacer esto te permitirá distinguir entre mentiras y verdad.

Como se mencionó anteriormente, ¡confíe en sus instintos! Como se indicó anteriormente, seguir su instinto puede ser su mejor arma contra la detección de mentiras. Numerosos estudios han demostrado que los indicadores internos del subconsciente son más eficaces que las estrategias conscientes para detectar el engaño. Los humanos poseemos datos intuitivos e inconscientes que ayudan a reconocer el engaño si le prestamos atención.

Aunque los instintos pueden ser muy fiables, las personas a menudo carecen de la habilidad o habilidad para utilizarlos con precisión y siguen siendo vulnerables al pensamiento engañoso. Desafortunadamente, sin embargo, el pensamiento o la reacción consciente pueden interferir con las asociaciones automáticas: en lugar de confiar en su instinto, sus pensamientos conscientes comienzan a analizar patrones o acciones estereotipadas y, finalmente, se convencen a sí mismos de no confiar en ello por completo. Conocerse a sí mismo lo suficientemente bien le permite reconocer respuestas instintivas sin enfatizar demasiado los comportamientos que lo llevan a la duda y le hacen preguntarse si podría funcionar en ocasiones.

Finalmente, observe cómo cambia su nivel de confianza. Prestar atención le mostrará que el estilo de un posible engañador cambia cuando se le confronta; la mayoría de los mentirosos se sienten seguros dentro de su zona limitada de mentira, donde sienten que tienen el control; sin embargo, si algo cuestiona algo de lo que dicen, puede hacer que pierdan el control y, por lo tanto, reduzcan significativamente sus niveles de confianza.

A medida que comienzan a sentirse presionados, es posible que notes que alteran su narrativa o brindan respuestas inconsistentes sobre ciertos eventos, volviéndose más erráticos en sus respuestas y cambiando la forma en que los describen. Al observar cambios de comportamiento como este, es posible detectar lagunas en su historia e identificar sus verdaderas intenciones.

Tenga en cuenta que puede resultar difícil determinar si alguien frente a usted está diciendo la verdad o inventando historias; tal vez sean expertos en ocultar información, o su confianza puede dificultarle detectar algo mal. Pero las señales e indicadores descritos anteriormente pueden revelar que alguien le está ocultando algo.

La próxima vez que necesites evaluar la honestidad de alguien, presta mucha atención a cualquier pista sutil relacionada con mentiras. Si es necesario, aumente la presión haciendo que sea racionalmente exigente para ellos contar su historia. Si mantiene estas prácticas y tiene en cuenta estos consejos, podrá eliminar rápidamente de su vida a aquellos que están siendo deshonestos con usted.

¿Cómo saber si alguien miente por omisión? ¿Cómo se puede determinar si alguien miente por omisión? Si alguien no miente explícitamente sino que presenta solo una parte de la verdad, ¿se considera mentira o simplemente comunicación? Mentir por omisión es una táctica inteligente que se utiliza para evitar contar todo lo sucedido; a efectos de registro, debe considerarse mentira, ya que impide que su receptor obtenga una comprensión precisa. Por ejemplo, un niño podría decirle que puso el helado en el congelador y luego sale y se lo come todo él mismo; para que conste esto debe catalogarse como mentira, ya que impide que el receptor de la información vea todos los lados. Por ejemplo, un niño podría decir que puso helado en el congelador pero luego no menciona que lo sacó más tarde de donde salió más tarde, en lugar de contarle todos los hechos, como sacarlo más tarde y comerlo más tarde cuando preguntado por usted como sea posible.

Sin embargo, su respuesta no le proporcionó suficientes detalles si su pregunta fue "¿A dónde se fue el helado?"; independientemente de cuán precisa haya sido su historia.

El problema de mentir con mentiras por omisión es que la mayoría de las personas que las usan no lo consideran mentira y, por lo tanto, no son tan reacios ni muestran los signos típicos de alguien que dice una mentira. Para comprender plenamente por qué alguien miente, necesitamos conocer su motivación; Las personas pueden ocultar información importante por vergüenza, culpa o miedo, pero como son reacias a decir mentiras completas, podría ser más fácil para los investigadores llegar a la verdad si alguien omite detalles importantes en las conversaciones.

Busque señales de que alguien parece incómodo cuando se habla de un tema importante. ¿Suenan vagos, toman demasiados descansos, evitan el contacto visual? Haga preguntas específicas para obtener claridad para obligar a las personas a tomar decisiones conscientes sobre si compartir o no detalles específicos, sin poder esconderse más detrás de "No estoy mintiendo", lo que le permitirá aprender toda la verdad más fácilmente que cuando alguien miente libremente. sin dudarlo. Incluso si alguien miente, sus señales probablemente serán más fáciles de detectar en comparación con alguien que miente repetidamente sin dudarlo.

¿Alguna vez has conocido a alguien que te hizo sentir incómodo de inmediato, pero no pudiste identificar por qué te parecía incómodo? ¿Algo parecía incorrecto en su forma de mirarte pero no podías identificar qué exactamente? ¿Te han hecho sentir incómodo pero no sabes por qué se ven así? Si esto le suena familiar, entonces el Capítulo 22 puede proporcionarle la solución: Adquirir precisión al realizar cortes finos.

"Algo no se sentía del todo bien." Se encontraría intentando en vano explicarle a su cónyuge por qué no seleccionó a ese dentista específico para procedimientos dentales o por qué rechazó una oferta de trabajo impresionante.

Todos los días entramos en contacto con varias personas; algunos apenas los conocemos y otros que dejan huellas duraderas. Quizás recuerdes a alguien que conociste brevemente en un parque como cálido o amable, mientras que otro extraño puede destacarse como grosero o extraño.

¿Todos nuestros juicios iniciales son injustificados y se deben a nuestros propios prejuicios? ¡Tal vez no! Quizás las primeras impresiones importen porque revelan algo sobre alguien que nuestra mente consciente simplemente no puede comprender todavía. Esta capacidad de hacer suposiciones rápidas pero precisas sobre las personas rápidamente se conoce como corte fino.

Las primeras impresiones o juicios sobre la personalidad de alguien no ocurren solo por casualidad: ¡en realidad son creadas por nuestra mente subconsciente que procesa información mucho más rápido de lo que creemos! ¿Por qué algunos de nosotros podemos emitir mejores juicios que otros?, te preguntarás.

Lo que distingue a quienes hacen juicios precisos de quienes no lo hacen es la confianza en su "intuición". Escuchan lo que les dice su instinto y desarrollan estas habilidades mediante un esfuerzo consciente.

El corte fino se puede definir científicamente como la capacidad de hacer juicios informados basados en pequeños fragmentos de información. Múltiples experimentos han demostrado que nuestras conclusiones sobre alguien son consistentes independientemente de cuánto tiempo conversemos con esa persona: ¡desde cinco segundos o cinco minutos![18] Nuestro subconsciente observa rasgos más sutiles en esa persona, como parpadeos, posturas rígidas, sonrisas o gestos que tienden a pasar a nuestro lado sin que nuestra mente consciente se dé cuenta.

¿No puede ser eso asombroso? Hacer suposiciones precisas sobre alguien basándose solo en una afirmación o un micro rasgo podría ser muy preciso.

Entonces, ¿por qué no hemos sido expertos en leer la mente de las personas hasta ahora? Principalmente debido a que no pude articular estos juicios. No tener suficientes detalles a nuestro alcance hace que esta decodificación no verbal se lleve a cabo sin que nos demos cuenta, dando tanta importancia a las primeras impresiones a pesar de que no reflejan la realidad sino que actúan como señales de nuestro subconsciente que pueden contener respuestas para nosotros.

Como seres humanos, estamos programados para confiar sólo en nosotros mismos dentro de ciertos límites. El sesgo negativo nos impide confiar demasiado en nosotros mismos. Quizás estés pensando: "Todo esto suena genial; sin embargo, si hubiera confiado más en mi instinto, ¡no habría comprado este libro!"

Entiendo tu dilema; ¡Confiar en mi instinto con demasiada frecuencia me llevó por un camino de pérdidas en el juego! Y aunque no recomiendo dejar que tu mente subconsciente guíe tus juicios, ¡nuestros cerebros son mucho más inteligentes de lo que creemos! ¿Sabías que nuestro cerebro puede procesar 11 millones de bits de información por segundo? Sin embargo, nuestras mentes conscientes sólo parecen capaces de procesar entre 40 y 50 bits. [19] Esa es una enorme brecha entre lo que nuestro cerebro realmente puede manejar y lo que percibimos que puede manejar; Si bien es posible que solo estemos procesando unos escasos 50 bits, nuestro cerebro subconsciente ya ha observado, deducido y formado opiniones mucho más precisas que cualquier cosa que nuestra conciencia pueda proporcionarnos.

Comparativamente hablando, nuestro subconsciente ha hecho un excelente trabajo procesando información; desafortunadamente simplemente no reconocemos sus esfuerzos lo suficiente. Imagínese si confiáramos más en nuestro subconsciente al emitir juicios; ¡Es posible que no se necesite ninguna otra habilidad para acceder al cerebro de las personas!

Descubrir el arte del corte fino requiere que reconozcamos nuestros pensamientos subconscientes e interpretemos nuestra intuición correctamente. No entierres esos pequeños juicios que podrían pasar desapercibidos. Al etiquetar a alguien, pregúntese por qué y piense más: ¿fue su peso cambiando de pierna a pierna o se mordió el labio justo antes de hablar?

Por muy poderoso que sea nuestro subconsciente, también puede chocar con prejuicios conscientes y conducir a algunas decisiones desafortunadas. Por lo tanto, no todo el mundo confía únicamente en su instinto a la hora de tomar decisiones: el poder potencial está dentro de todos nosotros, sólo hay que desbloquearlo y aprovecharlo adecuadamente.

El corte fino implica aprender más sobre alguien con información mínima. Sus gestos, lenguaje corporal, escritura y vestimenta revelan mucho sobre ellos si se los observa con atención y se es consciente del subconsciente. Según el libro más vendido de Malcolm Gladwell, Blink, el corte fino implica aprovechar el "subconsciente adaptativo" de uno. Mientras que las mentes conscientes utilizan evaluaciones basadas en evidencia cuando sacan conclusiones sobre personas o eventos basadas únicamente en la observación consciente, el inconsciente adaptativo utiliza evaluaciones con porciones muy pequeñas de evidencia, en el mejor de los casos, como fuentes.

A medida que practicamos y perfeccionamos este arte de fragmentar información, nuestro éxito depende de poder practicar y aprender con cada experiencia que adquiramos. Al acceder a su subconsciente y filtrar información en lugar de evaluaciones, puede comprender mejor a los demás y predecir su comportamiento.

John Gottman, un estimado psicólogo estadounidense, llevó a cabo un estudio de investigación en profundidad en el que participaron más de 3.000 parejas para desarrollar lo que se conoce como el "laboratorio del amor". A través de este método de recopilación y desagregación de información, Gottman concluyó que se podía predecir el futuro del matrimonio cortando finamente los datos relevantes, no sólo reuniéndolos todos juntos sino también entendiendo su relevancia. Esta teoría se centró no simplemente en recopilar hechos sino también en determinar qué información era más pertinente.

Y eso es precisamente lo que usted también debería hacer. Tu subconsciente recibirá millones de bits de datos, pero tu mente consciente ahora debe decidir qué información es importante o irrelevante; aquí radica el valor del conocimiento proporcionado en otras partes del libro; utilice sus herramientas para discernir qué acciones, palabras e indicadores necesitan su atención y cuáles no son pertinentes en términos de comprender mejor a las personas.

La teoría de Gottman sugiere centrarse en expresiones faciales fugaces y diálogos que parecen triviales, sin llamar demasiado la atención. Si bien no dará resultados inmediatamente, se requiere práctica para reconocer patrones (es necesario identificar a las personas que mienten, protegen bien sus emociones o se esconden detrás de comportamientos extrovertidos) para que, a medida que avance el tiempo, sus mentes consciente y subconsciente se alineen sin problemas y permitan cálculos. evaluaciones de lo que hay dentro de la mente de alguien. [23]

En ocasiones todos nos encontramos tratando de descifrar lo que alguien quiere decir cuando usa frases como "No me importa" o "¿Por qué crees que importa?" o "Estoy bien"; ¡Estos pueden parecer bombas de tiempo que requieren que descubras rápidamente su verdadera intención antes de que se produzca un daño duradero en las relaciones! ¡Te encuentras deseando haberte inscrito hace años en ese taller de telepatía!

A menudo, una interpretación puede resultar difícil, especialmente cuando no utilizan palabras para comunicar sus ideas directamente. Las palabras son sólo una parte de la imagen: para salvar el barco, uno debe llegar al fondo del océano para localizar dónde acechan los monstruos. ¡De esto se trata la lectura entre líneas!

Leer entre líneas es un arte que puede salvar incluso las relaciones más cercanas. Requiere comprensión, lo que deja poco espacio para explicaciones y permite crear el entorno ideal para diálogos significativos y productivos. El significado a menudo va más allá de las palabras, razón por la cual los puntos, las comas y los signos de exclamación desempeñan un papel tan esencial a la hora de comunicar su significado.

Las señales que las personas emiten para revelar sus verdaderas emociones a menudo pueden malinterpretarse como gestos inocentes; pero estos signos siempre deben tomarse en serio como indicadores de que lo que la gente dice tiene un significado subyacente; por ejemplo, palabras como "Quiero estar siempre contigo" pueden parecer una declaración de amor, pero cuando se combinan con otras señales de alerta en una relación incierta pueden indicar abuso o manipulación.

Como es de esperar en un entorno habitado por más de 8 mil millones de personas con sus pensamientos y personalidades individuales, una frase puede no significar lo mismo cuando la pronuncian diferentes personas en diversos contextos. Debes escuchar con más atención para comprender lo que la otra persona está tratando de transmitir. Según Gary Wong, estimado inversor y asesor inmobiliario, tenemos dos oídos pero sólo una boca, por lo que escuchar debe tener prioridad sobre hablar[23]. Tenga la mente abierta hacia lo que la gente le dice y, al mismo tiempo, comprenda profundamente cuáles son sus intenciones cuando hablan su idioma.

Una estrategia eficaz para ayudarle a leer entre líneas es esperar un momento antes de hablar. Apresurarse a responder puede significar perder tiempo para comprender lo que realmente se dijo; y si su contraparte hace lo mismo, su mensaje fácilmente podría perderse entre malentendidos y mala comunicación.

Cuando alguien usa frases como "No sé" o "No estoy seguro", no se apresure a dar explicaciones tan pronto como diga que no entiende algo; en lugar de eso, déle espacio y evalúe otros indicadores para obtener más información. una imagen más completa de su mensaje.

Leer entre líneas requiere escuchar atentamente y considerar el contexto, la personalidad y la situación al leer una historia. Un autor a menudo no comunica directamente lo que sus personajes están tratando de expresar, sino que proporciona situaciones y pistas sobre lo que les puede estar sucediendo; el lector puede reconocer fácilmente este indicador que el personaje está proporcionando.

Aquí hay un extracto de una historia:

Le sudaban las palmas de las manos mientras miraba el reloj por quinta vez en una hora, sabiendo que él llegaría alrededor de las 8. A medida que cada segundo se acercaba más y más a las ocho, podía sentir que sus rodillas se debilitaban y sus puños se apretaban con anticipación de su llegada. .

"Cariño", preguntó su marido desde el otro lado de la habitación. Ella respondió simplemente. "Estoy bien; sólo tengo frío", fue todo lo que dijo sin hacer contacto visual con él. Cuando sonó el timbre, se agachó más en el sofá con el pecho abrazando con fuerza las rodillas esperando un encuentro incómodo entre su marido y su novio.

¿La autora indicó que su personaje era inquietante, pero lo dedujiste de su lenguaje corporal y del pasaje? ¿Pudiste ver cuando dijo: "Será una noche larga y fría" que no se refería sólo al clima? Lo más probable es que haya sucedido de forma natural porque un autor llama tu atención directamente sobre cómo responde un personaje en cada párrafo del texto.

Sin embargo, al interactuar con personas reales, a menudo es difícil identificar exactamente qué está pasando, incluso si algo parece fuera de lugar. Confía en tus instintos; incluso si la fuente no está clara a primera vista. Tome nota mental para revisar lo que se dijo; por ejemplo, si uno de sus hermanos o amigos cercanos menciona casualmente estar en casa a las seis como "Sam se preocupa si llego tarde".

No importa cuán informal pueda parecer la conversación, algo en ella se siente mal. Tal vez era su forma de comprobar constantemente el tiempo o su tono apresurado; o podrían ser simplemente palabras elegidas sin tener en cuenta el contexto o el tono.

"Tengo que volver a casa" suena más a un ultimátum que a una expresión de preocupación, lo que podría indicar que está en una relación poco saludable con su pareja; quizás ninguno de los dos sea consciente del abuso emocional que está experimentando en nombre del amor y el cuidado. Ser capaz de detectar lo que la otra persona intentó comunicar nos permite ver más allá de lo que se comunicó directamente.

Concéntrese en lo que no se dijo (los silencios y las pausas) para comprender mejor. El silencio puede decir mucho; por ejemplo, si su hijo de repente se queda en silencio cuando le preguntan sobre su día en la escuela; de manera similar, si las palabras que decidieron no decir pueden indicar problemas a los que vale la pena prestar atención durante otros aspectos de la comunicación. Puede aplicar esta misma estrategia cuando interactúe con cualquier persona de quien desee obtener una visión más profunda.

Qué preguntas o temas evitan discutir; cuando hacen pausas demasiado largas entre palabras; ¿Cambia su tono cuando habla de ciertas personas o eventos? Estas observaciones le ayudarán a comprenderlos mejor a ambos como individuos, así como a comprender las palabras habladas con mayor profundidad.

Al igual que cuando se habla con los niños sobre la escuela, cuando se comunica con personas que no comparten información fácilmente o que prefieren usar un vocabulario oscuro. Sus preguntas y respuestas deben estructurarse cuidadosamente para lograr el máximo impacto y eficiencia.

Asegúrate de hacer todo esto en contexto; Sea siempre consciente de la situación, el entorno y las circunstancias cuando observe a alguien. Tenga cuidado si alguien suena distante debido a una distracción del entorno. O pueden guardar silencio durante las conversaciones sobre ciertos acontecimientos, no porque quieran ocultar nada, sino por desinterés o distracción de lo que se está discutiendo.

Así como comprender a otra persona requiere tiempo, coherencia y comprensión, también lo requiere comprender lo que alguien dice entre líneas. Analizar cada palabra y cada silencio momento a momento sólo serviría para confundir aún más las cosas; sólo necesitas estar presente y atento al escuchar y revisar mentalmente todo lo que escuchas antes de sacar conclusiones sobre sus posibles interpretaciones.

Las audiencias de TedTalk no sólo son testigos de las ideas brillantes presentadas en TedTalk. Los motivadores y personas influyentes que tienen éxito no son necesariamente aquellos con grandes ideas; son aquellos que saben cómo presentarlos de manera efectiva: a través de la práctica del tono, la estructura categórica de los discursos o incluso utilizando la cobertura de los medios para lograr el máximo efecto. Hablar en público implica dominar la forma de decir las cosas en lugar de considerar únicamente lo que hay que decir. Los oradores públicos aprenden el arte de la persuasión para conquistar a su público.

Los oradores públicos suelen emplear patrones de habla para estructurar su contenido y lograr el máximo efecto. La selección de estos patrones depende de los temas, las audiencias y el propósito principal de su discurso; en otras palabras, ¡las conversaciones deben cumplir su verdadero propósito si ese es su objetivo! Cuando hables con alguien nuevo, asegúrate de que tu objetivo sea claro para que puedas mantenerte concentrado al monitorear sus respuestas; las personas que leen no deben involucrar la recopilación de detalles irrelevantes sobre los demás.

Acelerar
Un estudio realizado por el Instituto de Investigación Social de la Universidad de Michigan examinó 1.400 intentos de personas que llamaban para intentar persuadir a las personas a participar en una encuesta, utilizando una llamada telefónica por persona y por intento de persuasión. [24] Los resultados indicaron que aquellos que hablaban demasiado rápido sin hacer una pausa no lograron convencer a los demás; los investigadores examinaron la fluidez, la velocidad del habla y el tono de las personas que llamaban cuando intentaban convencer a otros; los persuasores exitosos incluyeron personas que hablaban alrededor de 3,5 palabras por segundo, una velocidad moderadamente rápida para persuadir a otros; [26]

Tome las pausas correctas
Para lograr la máxima influencia al intentar influir en alguien, lo ideal es cuatro o cinco pausas por minuto al intentar influir en alguien. Estas pausas permiten que la otra persona considere su mensaje antes de responder y muestre su respeto por sus pensamientos y creencias sin tener miedo de permitir que sus opiniones sobre sus hallazgos se desarrollen con el tiempo, aumentando así la confianza entre usted y ellos.

La prosodia (el acento, la entonación del habla y el ritmo) es un elemento integral de la expresión eficaz del habla, pero demasiada prosodia puede resultar contraproducente y perjudicial. Lo que decimos se puede percibir de forma diferente dependiendo de cómo se expresa, por lo que utilizar el tono y el ritmo de forma adecuada garantiza que lo que se dice se transmite exactamente como se pretende; demasiado puede dejar en sus manos a una audiencia desconfiada; Trate de no parecer animado al redactar oraciones.

Utilice patrones de habla para tener éxito

Existen diferentes patrones de habla que uno puede emplear según sus objetivos al hablar en público, y las diferentes opciones afectan el éxito de la transmisión de su mensaje. A continuación se muestran algunos patrones de discurso populares de los oradores públicos al crear discursos.

Enfoque tópico o lógico: cuando se transmiten múltiples ideas que están relacionadas, organizar la información de manera lógica para que fluya de un tema a otro sin que parezca que estás saltando entre temas sin proporcionar argumentos convincentes suele ser el mejor enfoque.

Cronológica: la organización cronológica de la información funciona mejor cuando los datos deben seguir una progresión ordenada, como por ejemplo contar una historia. Si desea hablar sobre el resultado de un proyecto, por ejemplo, estructurar los eventos en orden cronológico para mayor claridad proporcionará un mayor beneficio.

Causa y efecto: como su nombre lo indica, esta información se presentaría utilizando relaciones causa-efecto. Por ejemplo, cuando se discuten problemas en el trabajo, comenzar explicando su causa y luego describir cómo tiene un impacto en la productividad podría servir como efecto.

Problema y solución: similar a causa y efecto, problema y solución se utiliza como un medio eficaz para persuadir a otros a tomar las medidas necesarias para resolver problemas específicos. Es un método eficaz para convencer a los oyentes sobre la mejor manera de abordar la resolución de cualquier desafío u obstáculo determinado.

Los patrones de habla pueden ayudar a comunicar ideas y pensamientos con claridad. Las personas disfrutan escuchando patrones familiares que reconocen y tienden a aceptar más fácilmente; La información desorientada a menudo genera desconfianza entre las partes involucradas, por lo que invertir tiempo en cómo transmitir su mensaje aumentará tanto la credibilidad como la influencia sobre las personas.

Utilizar un patrón de habla eficaz es clave para proporcionar información de una manera fácilmente digerible y aumentar su influencia sobre alguien. Su objetivo lo verá como una persona lógica y autoritaria en quien puede confiar más y con quien puede abrirse más libremente sobre sus ideas y sentimientos.

A menudo formamos conexiones fuertes con alguien basándonos únicamente en cómo nos hace sentir. "No sé por qué les dije todo esto; normalmente soy menos abierto.

¿Qué es exactamente "vibe" y cómo puede ayudarme a conectarme con alguien? En pocas palabras, la vibra es simplemente buena energía que puede tener una influencia positiva. No es necesario dar afirmaciones ni asentir incontrolablemente; ¡Todo lo que necesitas para conectarte es buena vibra dondequiera que vayas!

Simplemente pregúntale a cualquier orador motivacional o gurú del desarrollo personal y te recomendarán rodearte de afirmaciones positivas sobre tus objetivos. Si bien puede parecer redundante al principio, la energía positiva pronto se filtra y nos afecta a todos de una forma u otra.

Ese es exactamente el efecto que la energía o la vibra positiva tiene en otras personas. Saber que alguien acepta sus ideas sin críticas le permite abrirse a usted sin cuestionarlo, ¡dándole acceso a su mente sin que surjan preguntas! Todo esto es posible cuando las personas que los rodean traen consigo energía positiva: la buena energía no se puede fingir, sólo se puede detectar. Las actitudes positivas se difunden rápidamente: ¡a todos les encanta hablar con personas que siempre ven el lado bueno! Y con estos consejos y estrategias para crear esta vibra positiva a tu alrededor:

Sigue mirando el lado bueno

Como dicen, tus respuestas a lo que te sucede determina su resultado. En lugar de lamentarte porque alguien te aburre, aprovecha esta oportunidad para explorar formas en las que puede pensar de manera diferente a ti y crear interacciones significativas. Centrarse negativamente sólo sacará más negatividad de usted que otros reconocerán de inmediato.

Si no lo sientes, no finjas

Decir que amas a los perros puede parecer vacío; tener la mente lo suficientemente abierta como para aceptar diferentes puntos de vista sin forzar el acuerdo de los demás; Cuando las personas se dan cuenta de que usted acepta su derecho a tener un punto de vista opuesto en lugar de fingir que le agrada o está de acuerdo, su respuesta será mucho más positiva y acogedora ante estas diferencias.

Practica la gratitud

¿Se pregunta cómo la gratitud puede mejorar las relaciones? Comenzando y terminando cada día agradeciendo todo lo que la vida nos ofrece y honrando a aquellos con quienes te encuentras a diario, como líderes de equipo o hermanos, recordando expresarles aprecio cada vez que interactúas. ¡Tu práctica diaria de ser agradecido podría incluso traer energía positiva al interactuar con ellos!

Descubrir la negatividad

Desafortunadamente, todos podemos experimentar en ocasiones una acumulación de pensamientos negativos sin darnos cuenta. Este es particularmente el caso cuando asociamos a determinadas personas con recuerdos negativos; por ejemplo, si alguien hizo un comentario ofensivo la última vez que interactuó con esa persona, puede traerle recuerdos desagradables que persisten mucho después de que la interacción haya cesado. Intente reemplazar los recuerdos negativos por otros más optimistas para crear un ambiente optimista.

La meditación nos ofrece a todos una oportunidad invaluable de relajarnos, descansar y sentirnos conectados. La meditación te brinda una manera maravillosa de liberar cualquier energía negativa que te rodea y evaluar qué tipo de impacto están teniendo tus acciones en quienes se encuentran en tu esfera de influencia. Además, practicar prácticas meditativas como la atención plena o la espiritualidad podría profundizar las conexiones con el yo interior y fomentar una paz más profunda.

La naturaleza tiene poderes curativos

¡Estar al aire libre tiene tremendas propiedades curativas! Rodearnos de las olas del océano, las vistas desde las cimas de las montañas o los sonidos de las orillas de los ríos pueden hacer maravillas para ayudarnos a relajarnos y sanarnos desde dentro. Pasar tiempo al aire libre ha demostrado ser eficaz para hacer que las personas sean menos amargadas y más positivas: tomar un descanso muy necesario mientras reflexionamos y nos tomamos las cosas con calma con nosotros mismos y con los demás es esencial para asegurarnos de que sigamos siendo personas felices.

La energía positiva en sus comunicaciones puede tener un efecto dominó en los demás y animarlos a abrirse más libremente y ser honestos en sus comunicaciones con usted. El miedo a los juicios, las decepciones o la ira pueden hacer que las personas se cierren o mientan para evitar parecer hostiles; Proporcionar una atmósfera cómoda y buena energía ayuda a las personas a relajarse para que puedan reevaluar cómo lo perciben y cuánto de sí mismos están revelando a través de la conversación.

¿Cómo se puede leer la mente de alguien cuando se comunica a través de correos electrónicos o conversaciones telefónicas cuidadosamente elaborados? ¿O detectar cuando alguien miente mientras habla por teléfono? Del mismo modo, ¿cómo se pueden interpretar las comunicaciones entre líneas como las de WhatsApp, que dependen en gran medida de "emojis" seleccionados?

La comunicación digital nos ofrece muchos beneficios; Podemos llegar a personas de todo el mundo sin levantarnos del sofá, mientras que al mismo tiempo sus limitaciones pueden limitar la eficacia con la que nos conectamos. Sin embargo, con los avances en el desarrollo post-Covid, hemos aprendido cómo conectarnos de manera más eficiente. Se encontró que los estudiantes estaban más atentos en las clases en línea que en las presenciales, ya que no podían seguir la mirada de su maestro, ¡sin saber a quién estaba mirando en la pantalla de su computadora! Sin embargo, la tecnología todavía tiene mucho camino por recorrer antes de que pueda igualar la calidez humana y la intimidad del contacto humano uno a uno.

Descubrir a alguien puede ser un desafío cuando no tienes toda su atención; durmiendo, comiendo o en una multitud. En la mayoría de los casos, ni siquiera sabrás si el altavoz está encendido durante las videollamadas o leyendo textos completos antes de responder, lo que dificulta entender a las personas en estas plataformas digitales; sin embargo, existen técnicas que puede utilizar para interpretar con precisión lo que alguien intenta comunicar.

Escuche, puede que ya lo haya mencionado varias veces, pero lanzar críticas y conflictos al ciberespacio puede ser más fácil que comunicarse directamente con alguien. Si bien sus desacuerdos pueden no parecer tan graves cuando se hacen a través de mensajes de texto, aún así limitan nuestra capacidad para escucharnos, leernos o entendernos unos a otros.

Esté atento a los indicadores

No importa dónde se encuentre una persona, su tono, su elección de palabras y su entorno pueden convertirse en indicadores de cómo funciona su mente. Por ejemplo, ¿cuánto tarda alguien en responder los correos electrónicos? ¿O responder rápidamente por mensaje de texto? ¿O su voz tiene algún sentido de urgencia? ¡Prestar un poco de atención puede darnos información muy valiosa sobre ellos!

Mantener un enfoque calibrado

Puede resultar difícil leer a las personas cara a cara y aún más en la pantalla, lo que hace que sea aún más difícil interpretar mal el tono, la elección de palabras o las pausas. Podemos malinterpretar su texto cuando disponemos de indicadores limitados. La comunicación cara a cara nos permite establecer una descripción precisa de un individuo en función de numerosos aspectos, como sus expresiones faciales, lenguaje corporal y "ambiente" general. Al comunicarse por teléfono o por mensaje de texto con otras personas, asegúrese de no sacar conclusiones definitivas con datos limitados. Preste atención a lo que se dice y haga preguntas cuando sea necesario para mayor claridad. Si surgen suposiciones durante la conversación, pregúntese si hay suficientes datos disponibles para hacer observaciones precisas.

¿Cómo puedo detectar a un mentiroso por teléfono o SMS?

La detección de mentiras requiere una gran habilidad de observación; pero como muchos de los indicios habituales están ausentes en un mensaje de texto SMS o en una conversación por correo electrónico, los detectores de mentiras proporcionan datos suficientes que permiten una detección precisa en estas plataformas digitales. Aquí hay algunos indicadores de que alguien le miente por escrito:

Alguien que dice mentiras puede parecer desorganizado y difícil de precisar con una sola historia, cambiando constantemente de tema en un intento de oscurecer o disfrazar la verdad. Podrían intentar complicar demasiado las cosas o inventar afirmaciones falsas que no cuadran; una forma de detectar estos mensajes a través de mensajes de texto podría ser buscar párrafos de texto largos que no brinden claridad sobre un tema en contexto; si fuera verdad, no necesitarías volver a leerlo para descubrir qué ocurrió realmente.

Están enfatizando demasiado la información innecesaria o evitando responder consultas específicas

Si alguien te hace una pregunta que requiere una respuesta directa, siempre puedes evitar responder negándote. Digamos, por ejemplo, que le preguntaste a tu pareja dónde estaba pero no recibiste respuesta; cuatro horas más tarde, le envían un mensaje para explicarle que se había agotado la batería, pero aún así le dicen dónde están en ese momento; esto constituye mentir por omisión, ya que dicen la verdad en ese momento pero optan por no responder cuando se realizó la consulta por primera vez; Además, pueden intentar dar respuestas demasiado complicadas para intentar evitar responder directamente y descarrilar la conversación por completo.

Nadie responde

Atrás quedaron los días en los que enviar un mensaje era como tirar piedras al océano sin saber cuándo o si llegaría a su destinatario; ahora sabemos exactamente cuándo llegó nuestro mensaje, cuándo fue visto y si están o no "en línea". La mayoría de las aplicaciones de mensajería muestran puntos suspensivos (...) cuando alguien escribe su respuesta, ¡así sabemos que esperaremos una en cualquier momento!

Demasiada información La gente tiende a ofrecer explicaciones. ¿Te comiste el sándwich de tu compañero de trabajo en el trabajo? Lo más probable es que ofrezcas una explicación, posiblemente de hasta quince minutos de duración, de por qué sucedió esto. De manera similar, cuando decimos mentiras, tendemos a exagerar nuestras respuestas para ocultar lo que queremos que la gente crea que está sucediendo; Algunas personas crean regularmente textos largos, pero si las respuestas se vuelven inusualmente largas, esto podría ser evidencia de que están brindando explicaciones sobre una información que decidieron no revelar.

Imagínese estar envuelto en una discusión textual en la que ambas partes exponen sus respectivos lados, elaborando respuestas largas hasta que plantea una pregunta y la conversación abruptamente se aleja de una respuesta a otro tema. En tal caso, su intento de estar ocupado podría indicar su intención de interrumpir este hilo conversacional y pasar a algo completamente distinto.
"¿Fuiste a su casa después de que te pedí que no lo hicieras?"
Ella pareció desconcertada. ¡Es sorprendente la poca confianza que hay entre nosotros! Desafortunadamente no tengo tiempo para esto ahora porque hay que lavar la ropa; Hablamos más tarde... Adiós."

Aquí lo tienes todo: todas las herramientas necesarias para comprender a las personas. Con su guía sobre las personas en la mano, le permitirá obtener un conocimiento profundo de por qué las personas hablan como lo hacen, se comportan de cierta manera y dicen lo que dicen: desde las características de personalidad y estilo de comunicación hasta las personas influyentes que las moldean; Todo este conocimiento está a tu alcance, pero comprender a alguien aún puede requerir tiempo, esfuerzo y un poco de conjeturas.

La mente es una estructura intrincada y para descifrarla hay que seguir entendiendo su complejidad. Incluso después de conocer a alguien durante años, los conflictos o desacuerdos menores pueden hacer que sea más difícil escuchar objetivamente lo que dice.

Por eso a menudo hago hincapié en la importancia de la práctica y la observación cuando se trata de comprender a las personas. Debes ejercer control sobre tus propios pensamientos y al mismo tiempo mostrar una gran adaptabilidad a la hora de leer las creencias y estilos de comunicación de otras personas para poder interpretar correctamente sus palabras. A continuación se ofrece un resumen y un recordatorio de todo lo que debe llevar consigo cada vez que pretenda comprender a alguien y desenredar las complejidades de su lenguaje tácito.

Esté mentalmente preparado para leer a las personas

Cada vez que entables una conversación con otra persona, haz un inventario de ti mismo. Hágase algunas preguntas clave como: * ¿Ya me he formado alguna opinión sobre ellos? o >> ¿Existen sesgos y prejuicios de los que debo tener cuidado?

* ¿Soy mental y emocionalmente capaz de intentar comprender a alguien? * ¿Qué aspectos hay que tener en cuenta a la hora de intentar leer a alguien?

*¿Qué factores externos podrían influir en mi juicio? Investigar de esta manera le permitirá acercarse a los demás sin prejuicios ni juicios. Para observar a las personas de cerca, esté atento: libere su mente de otras tareas y pensamientos para concentrarse en observar aquellos que le interesan sin darlos por sentado; observe atentamente su lenguaje corporal, expresiones faciales y palabras mientras escucha atentamente y sin prejuicios.

Dedique tiempo a estudiar a las personas El dominio de cualquier arte requiere tiempo y dedicación. Leer a las personas requiere un estudio continuo para poder hacer evaluaciones precisas sobre personas de diversos orígenes. Para hacer esto correctamente, es necesario observar a muchos individuos de diversas personalidades en toda la sociedad para poder formarse juicios precisos sobre ellos. La lectura de personas debe abordarse de manera integral. Aunque sería bueno comprender lo que piensa su jefe o qué mensaje está tratando de enviar su pareja, hacerlo correctamente requiere comprender los patrones, comportamientos y motivaciones de todas las personas con las que entra en contacto. Para esta tarea, es necesario poder reconocer estos patrones observando a múltiples individuos. Tenga en cuenta esta habilidad cuando trate con viajeros públicos o cuando converse con vendedores en grandes almacenes o incluso con peluqueros.

La práctica hace la perfección, ya que cuanto más a menudo identifiques y detectes a personas con distintos tipos de personalidad y estilos de conversación para transmitir sus mensajes de forma eficaz. Además, practicar te permitirá dejar de lado los prejuicios y observar a las personas sin hacer juicios precipitados sobre su carácter o situación de vida. Las habilidades de lectura de las personas son un activo indispensable para el crecimiento personal y profesional, ya que le ayudan a comprender mejor a las personas y sus motivaciones. Reconocer que el volumen de una persona puede no ser causado por un discurso agresivo, sino por vivir con un abuelo anciano con pérdida auditiva, puede brindarle una nueva perspectiva. Escuchar atentamente cuando las personas hablan, hacer preguntas relevantes sobre ellas y mostrar interés en sus historias le ayudará a construir relaciones significativas tanto a nivel profesional como personal. ¡Dedicar tiempo a conocer gente dará sus frutos tanto en el trabajo como fuera de él!

La paciencia y la atención siempre son necesarias

Aprender a tejer puede resultar abrumador. La práctica hace la perfección, al igual que innumerables intentos de tejer mantas hasta perfeccionar cada nudo, pero una vez que se enfoca la tarea real de tejer cada nudo, uno se vuelve muy consciente de toda la paciencia, atención y dedicación que se requiere para hacer una muestra de tela tras otra. De manera similar, prestar mucha atención puede parecer fácil en teoría, pero a veces difícil cuando te enfrentas a comunicarte con personas con las que no estás de acuerdo o cuando observas el lenguaje corporal de alguien que no te parece interesante. ¡Ambas tareas requieren práctica si se quieren obtener resultados adecuados!

La paciencia y la atención pueden ayudarte a superar este desafío y adquirir experiencia conociendo y comprendiendo a personas desde diferentes puntos de vista. Sólo cuando escuches con paciencia y atención a alguien con quien no estás de acuerdo aprenderás a observar y leer a las personas más allá de sus limitaciones personales.

Sea auténtico y vulnerable Tome notas mentales cuando sea testigo de que alguien se distancia en mitad de una conversación. Las personas pueden detectar rápidamente la hostilidad y los juicios; saben cuando alguien está tratando de caminar sobre cáscaras de huevo a su alrededor. No espere que alguien se abra a usted sentándose detrás de una gabardina con una lupa mientras intenta ser formal o frío con esa persona; Para que alguien se abra a usted debe sentirse lo suficientemente seguro al abrirse a usted de forma libre y segura.

Tenga la mente abierta al emitir sus juicios

Este se ha cubierto con bastante frecuencia, ya que hacer juicios y evaluaciones rápidas sobre las personas basándose en prejuicios y prejuicios es el principal factor que contribuye a que se cierren o a que usted haga evaluaciones inapropiadas basadas en ellos. Practique retrasar el juicio o las conclusiones al observar a alguien. Tenga cuidado si sus pensamientos iniciales incluyen pensar que alguien bailando en la calle está tratando de llamar la atención: ¡deténgase ahí inmediatamente! Por ejemplo, si parecen bastante felices bailando y crees que "les gusta llamar la atención", detente inmediatamente antes de concluir lo que podría estar sucediendo, o pensar que simplemente les gusta llamar la atención y hacer suposiciones basadas en suposiciones.

Conclusión

Llegados a este punto, debería resultar evidente que aprender a leer a las personas es un viaje de autodescubrimiento y evaluación; Te das cuenta de esto cuando te das cuenta de que también se trata de descubrir más sobre TI y sobre la otra persona. Hacer esto nos ayuda a reconocer nuestras limitaciones para que podamos crear conexiones más profundas y significativas entre nosotros, lo que en última instancia nos da una idea de sus motivaciones, aspiraciones y, lo más importante, pensamientos.

Entender por qué es el comienzo de todo viaje. No importa si se trata de una facultad de negocios, de medicina o de derecho, todo comienza respondiendo primero a esta única pregunta: ¿por qué las cosas suceden como suceden? Una vez que se ha respondido a esta pregunta, todo lo demás encaja orgánicamente. La lectura de personas consiste en responder a esta pregunta sobre la comunicación y, una vez respondida, puede abrir todo tipo de posibilidades y eliminar las barreras de los prejuicios y la falta de comunicación. Comprender a alguien conduce a relaciones más sólidas. La comunicación hábil le será útil a lo largo de las interacciones de la vida. Desde dar órdenes a un miembro del equipo o convencer a los padres acerca de sus aspiraciones, hasta comprender las motivaciones y los pensamientos de otra persona, conocer las motivaciones de su objetivo le brinda la posibilidad de ser escuchado y respetado. ¡Qué ventaja has encontrado! Cada página de este libro ha sido como abrir una caja llena de misterios relacionados con el comportamiento humano: ¡sólo que este libro ofrece sólo atisbos! Los humanos no tienden a clasificarse claramente en categorías de blanco o negro: ¡vienen en todo tipo de tonos! Lo más probable es que, a medida que pasa el día, descubras más y más sobre quienes viven contigo. Sus reacciones pueden diferir según las experiencias de la vida, las emociones y las influencias ambientales; para comprenderlos en su totalidad, es mejor estar atento a estos cambios y adaptarse en consecuencia.

Por eso ahora es más fácil que nunca reconocer estos cambios, dcsdc cl mal humor y las personas negativas, hasta la mentira y la dificultad para comunicar emociones. Úsalo sabia y responsablemente: ¡el mundo te necesita! Emplea estas teorías en el trabajo y con aquellos que valoras porque los árboles todavía necesitan el calor del sol y los nutrientes en un buen suelo para sobrevivir. La comprensión es necesaria para ser comprendidos, y debemos estar en sintonía con la forma en que piensan las personas para que podamos proteger sus intereses y al mismo tiempo comprender los nuestros. Que siempre utilices la lectura sabiamente como una forma de profundizar y fomentar relaciones significativas.

EL FIN